ÄGYPTEN
VON OBEN

Marcello Bertinetti

GEO

Frederking & Thaler

ÄGYPTEN VON OBEN

Marcello Bertinetti

Ein Buch der Partner GEO und
Frederking & Thaler

Für ihre freundliche Unterstützung ist zu danken:
Mamdouh El-Beltagui – Tourismusminister der Arabischen Republik Ägypten
Farouk Hosny – ägyptischer Kultusminister
Nabil Osman – Präsident des ägyptischen Informationszentrums
Ahmed Huseen – Direktor des Pressezentrums Kairo
Gamal Morsi – früherer Direktor des Pressezentrums Kairo
Gamal Shafik vom Pressezentrum Kairo
The Mena House Oberoi Hotel, Kairo
The Oberoi Sahl Hasheesh Hotel
Nabil Bamieh
Giulio Melegari Mazzoni
Mövenpick Hotels & Resorts

Marcello Bertinetti bedankt sich bei den Piloten der ägyptischen Armee und bei den Sicherheitsbeamten, die ihn auf seinen Flügen begleiteten.

Die Deutsche Bibliothek – CIP-Einheitsaufnahme
Ein Titeldatensatz für diese Publikation ist bei
Der Deutschen Bibliothek erhältlich

Titel der italienischen Originalausgabe: »Gli Occhi di Horus«
Titel der englischen Originalausgabe: »In the Eye of Horus«

Übersetzung aus dem Englischen von Walter Spiegl

Alle Fotos von Marcello Bertinetti
außer auf folgenden Seiten: S. 290-317 (NASA).
Alle Texte von Maria Sole Croce
außer auf folgenden Seiten: S. 9 (Dr. Mamdouh El-Beltagui),
S. 14-19 (Marcello Bertinetti), S. 289 (Giulio Melegari Mazzoni).
Layout: Maria Cucchi
Lektorat, Herstellung und Satz:
VerlagsService Dr. Helmut Neuberger & Karl Schaumann GmbH, Heimstetten
Umschlaggestaltung: Daphne Design®, München
Druck und Bindung: Officine Grafiche de Agostini, Turin

Printed in Italy

ISBN 3-89405-616-9

Umwelthinweis: Das Papier wurde aus chlorfrei gebleichtem Zellstoff hergestellt und enthält keine Aufheller. Die Einschweißfolie – zum Schutz vor Verschmutzungen – ist aus umweltfreundlicher und recyclingfähiger PE-Folie.

EINFÜHRUNG

Für viele Menschen ist eine Reise nach Ägypten ein einmaliges Erlebnis. Als Minister für Tourismusangelegenheiten gehört es zu meinen angenehmsten Aufgaben, dafür zu sorgen, dass die Erwartungen der Besucher nicht nur erfüllt, sondern noch übertroffen werden. Das Erscheinen des Buches »Ägypten von oben« erfüllt und übertrifft alle meine Erwartungen, Ägypten aus einer ungewöhnlichen und überwältigenden Perspektive darstellen zu können.

Viele von uns wissen von der Pracht der Pharaonendenkmäler und der natürlichen Schönheit der Landschaft Ägyptens. Wir besuchen die Monumente, informieren uns aus sachkundigen Reiseführern und ertragen Sonne und Hitze, um einen Einblick zu gewinnen in die Schätze der ägyptischen Vergangenheit. Oder wir begeben uns auf abenteuerliche Ausflüge, um die Unermesslichkeit und den Abwechslungsreichtum des Hinterlandes kennen zu lernen. Aber trotz aller Bemühungen fällt es häufig schwer, sich ein umfassendes Bild von den historischen Bauwerken in ihrer angestammten Umgebung zu machen, Architektur und Landschaft als Einheit zu begreifen. Dies ist nun dank der eindrucksvollen Luft- und Satellitenaufnahmen in diesem Buch möglich.

Mit der Linse seiner Kamera schickt der international bekannte Landschaftsfotograf Marcello Bertinetti den Leser auf eine Ägyptenreise aus der Vogelperspektive. Aus luftigen Höhen herabblickend, erschließt sich die komplexe, aber ästhetische Logik der Anlagen auf dem Plateau von Giseh, und wir verstehen die Zusammenhänge zwischen den Pyramiden, den Tempeln im Tal, dem Sphinx bis hin zur ausufernden Metropole Kairo, eine der größten Städte der Welt, die sich als Kontrast zur majestätischen Strenge und Erhabenheit der Pyramiden präsentiert.

Auch Luxor, Assuan und Nubien erwachen auf diesen Seiten zum Leben. Unser Blick erfasst die Kolossalbauten von Abu Simbel und die Weitläufigkeit des Tempels der Königin Hatschepsut in Deir el-Bahari und registriert mit erstaunlicher Genauigkeit das Auf und Ab des täglichen Lebens in den südlichen Landstrichen. Wie ein Flickenteppich breiten sich unter uns die Felder zur Zeit der Bestellung und der Ernte aus, die menschlichen Behausungen und das rege Treiben der Leute in den Dörfern. Und ständig erinnern uns die Aufnahmen an die schmale Trennlinie zwischen Wüste und kultiviertem Land, das die Grundlage für die Existenz Ägyptens liefert.

Völlig andersartige Vegetationsgrenzen und Beziehungen offenbaren die Bilder von der Sinaihalbinsel, dem Ufer des Roten Meers und vom Verlauf der Nordküste Ägyptens. Die funkelnden Blau- und Grüntöne des Wassers und die Korallenriffe um den Nationalpark Ras Mohammed an der Südspitze des Sinai erscheinen uns wie ein Zipfel vom Paradies, während die türkisblauen Wellen des Mittelmeers an der Nordküste uns zu einem erfrischenden Bad einladen. Diese erstaunliche Symbiose von Land und Wasser wird zusätzlich erhellt durch die Leistungen der Ingenieurskunst am Suezkanal, die hier mit erstaunlicher Klarheit und Detailschärfe gezeigt werden.

Von einem Weltraumsatelliten der NASA aufgenommene Fotos vervollständigen die Reise und illustrieren auf einprägsame Weise Ägyptens unverwechselbaren Platz unter den Ländern auf dem Erdball. Aus der Höhe der Umlaufbahn erscheint der Lauf des Nils als Lotosblume, die sich von Oberägypten nach Norden windet und ihre Blüte im verzweigten Delta öffnet. Von Alexandria an der Mittelmeerküste bis hinunter nach Nubien, von den Wüstenoasen bis zu den blühenden Städten geben die beeindruckenden Aufnahmen in diesem Buch ein unverfälschtes Bild vom Gleichgewicht zwischen Mensch und Natur, Wüste und Vegetation, Vergangenheit und Gegenwart. Ich lade alle Menschen, die sich für Ägypten interessieren, dazu ein, mich auf dieser außergewöhnlichen Rundreise durch unser schönes Land zu begleiten.

Seine Exzellenz Dr. Mamdouh El-Beltagui
Tourismusminister der Arabischen Republik Ägypten

8 Ein Obelisk Ramses' II. vor dem Pylon des Luxortempels. Vor dem zweiten Torturm stand einst ein weiterer, der heute die Place de la Concorde in Paris beherrscht.

10–11 Ein See aus stark mineralhaltigem Wasser am Rand der Westlichen Wüste in der Nähe des Qarun-Sees in der Oase El-Faijum.

12–13 Eine Kamelkarawane zieht an den Ruinen des Tempels im Wadi el-Sebua vorbei.

INHALT

* Der Geologe und Meeresbiologe Giulio E. Melegari Mazzoni ist Manager der Abteilung Unterwassertechnologien und -arbeiten bei SAIPEM.

To my friend Carlo,
who would have been
up there with me

1 Geheimnisvoll und sagenumwittert liegt der Sphinx von Giseh in 73 Meter Länge im Wüstensand. Das nach Osten gerichtete Menschengesicht des löwenähnlichen Tiers ist vermutlich das des Pharaos Chefren.

2–7 Das Rote Meer bei Ras Gharib, nördlich von Hurghada.

3–6 Aus der Weißen Wüste erheben sich die Reste eines Bergmassivs aus der Kreidezeit.

MIT DER KAMERA ÜBER ÄGYPTEN

Manchmal schließe ich die Augen und glaube, ich sei immer noch dort und hinge an Stahlseilen aus der Luke des Hubschraubers im fahlen Dämmerlicht eines verzauberten Morgens. Wir befanden uns in Oberägypten, über den Ufern des Nasser-Sees, umgeben von Einöde, allein zwischen dem Blau des Wassers und dem Sand der Wüste. Der Lärm war unbeschreiblich, aber ich nahm ihn nicht wahr, weil ich mich wie in Trance befand. Ich konzentrierte mich aufs Motiv, das aus der Luft oft unpersönlich und kalt wirkt, weil ich wollte, dass diese Bilder etwas von mir ausstrahlen sollten, meinen persönlichen Geschmack, meine Eigenart, meine Wärme als lebendiges Wesen.

Da sah ich drei alte ägyptische Tempel auf einem sandigen Höhenrücken. Sie wirkten verlassen. Trotz unserer Fluggeschwindigkeit erkannte ich sie: Wadi el-Sebua, Dakka und Maharraka. Ein prächtiger Anblick.

Um 6.30 Uhr war das Licht wärmer geworden. Ich überprüfte die Kameras und gab dem Piloten Anweisungen. Ich war schussbereit, als unversehens und wie aus dem Nichts einige Kamele, geführt von einem Beduinen, auftauchten. Bis zum Tempel waren es noch etwa 300 Meter, und in meiner Aufgeregtheit über den unerwarteten Anblick rief ich dem Piloten zu, abzudrehen und in Richtung Karawane zu fliegen. Hinter mir waren mein Begleiter Mark Linz und unser Führer Gamal von ihren Plätzen aufgestanden. Mark sagte immer wieder: »Das ist fantastisch! Das ist fantastisch!«

Ich begann nervös zu werden. Ich hielt die Kamera und brauchte nur abzudrücken, aber die Position des Hubschraubers war nicht so, wie ich sie mir gewünscht hätte. Ein Jammer. Wir drehten ab und flogen das Ziel erneut an ... wieder erfolglos, wie auch die beiden nächsten Versuche. Ich kochte vor Wut und schrie auf den Piloten ein, wobei Gamal zu übersetzen versuchte. Die Luftströmung traf mich voll im Gesicht, als ich mich so weit es ging aus dem Hubschrauber lehnte. Plötzlich bot sich mir eine Szene dar, die mir den Atem raubte. Die Kamele zogen jetzt langsam am Tempel von Wadi el-Sebua vorbei, und unsere Anflugrichtung war ideal. Wir würden genau in Position sein, wenn sie vor dem Tempel ankamen.

Mir blieben vier bis fünf Sekunden. Ich sah nach, wie viele Aufnahmen ich noch hatte, und wählte das Nikon-Objektiv 135 mm f2.0 mit einer tausendstel Sekunde Verschlusszeit und Blende 4. Die Schärfentiefe stimmte, und ich war bereit. Ich drückte auf den Auslöser, wieder und wieder. Ich handelte wie ein Roboter, leidenschaftslos, bar jeglicher Emotionen, die mir die Aufnahmen hätten verderben können. In drei Sekunden schoss ich über ein Dutzend Bilder.

Dann lag die Szene weit hinter uns. Die Kamele waren am Tempel vorbeigezogen, und die ersten Touristen vom Ausflugsschiff wurden mit Booten an Land gesetzt. Wie durch Zauberhand änderte sich auch das Licht. Ich kontrollierte die Kamera – alles okay. Dann spulte ich den Film zurück und steckte ihn in die Tasche. Meine Bilder.

Wie könnte ich meine Flüge über Ägypten beschreiben, ohne emotional zu werden und erneut die Aufregung über das Glück zu verspüren, das mich dabei begleitete? Ich hatte Außergewöhnliches gesehen, und die Aufnahmen sind nur ein Abglanz davon. Aber in meinem Kopf ist alles registriert, jedes einzelne Bilder der insgesamt 15 000 Aufnahmen, die ich gemacht habe. Ich brauche nur die Augen zu schließen und sehe sie vor mir.

Meine Reise am Himmel Ägyptens begann in Kairo an einem trüben Septembermorgen. Ich war Richtung Süden unterwegs, nach Hurghada und zum Roten Meer. Nachdem wir die Peripherie der riesigen, chaotischen Stadt hinter uns gelassen hatten, befanden wir uns schlagartig in der Wüste. Die koptischen Klöster Sankt Paulus und Sankt Antonius in Küstennähe des Rotes Meeres waren meine ersten Motive. Dann ging es weiter nach Ras Gharib mit dem schönsten Korallenmeer der Welt zu unseren Füßen. Zerklüftete Riffe wetteiferten mit dem kristallklaren Wasser der Lagunen, und die vielfältigen Schattierungen von Grün und Blau vermischten sich zu einem sprühenden Kaleidoskop von Farben.

Nördlich von Hurghada überflogen wir die Gubalstraße, die von Myriaden winziger Inseln und Korallenriffen durchsetzt ist. Ich sah die Boote der Taucher, einen Leuchtturm weit draußen zwischen den Riffs, vom Wasser umspülte Landzungen, an denen sich die Wellen brachen. Wenige Minuten später landeten wir in Hurghada, und nach dem Mittagessen brachen wir auf nach Sharm el-Sheikh und dem Sinai.

Südöstlich der Gubalstraße und nachdem wir die Shadwaninsel hinter uns gelassen hatten, näherten wir uns Ras Mohammed an der Südspitze der Sinaihalbinsel. Nostalgische Erinnerungen wurden wieder lebendig. Mit meinen Freunden Carlo, Gianni und Sergio hatte ich einige unvergessliche Monate an diesen prachtvollen, menschenleeren Stränden verbracht – damals, mit 20 Jahren. Inzwischen war viel Zeit vergangen und viel passiert.

Der Hubschrauber riss mich in die Gegenwart zurück. In wenigen

15 Weißer Sand und das türkisfarbene Wasser des Roten Meers prägen das Bild der Korallenriffe bei Ras Gharib, nördlich von Hurghada. Sie gehören zu den schönsten Ägyptens.

Minuten würden wir Ras Mohammed erreichen. Wie der Finger eines Riesen ragt es ins Rote Meer hinein – ein eindrucksvoller Anblick, wie aus einem Traum. Ich wies den Piloten an, höher zu steigen, um das gesamte Panorama auf ein Bild bannen zu können. Leider war es diesig, und die Felsgipfel des Sinai im Hintergrund versanken im Dunst. Wir gingen tiefer und überflogen die Spitze der Halbinsel, die sich durch unvergleichliche landschaftliche Schönheit auszeichnet und als Taucherparadies gilt. Hier fällt das Korallenriff 600 Meter tief senkrecht ab. Dank der Meeresströmung vom Golf von Akaba und dem Golf von Suez ist hier die Unterwasserfauna von unvorstellbarer Vielfalt. Vom Hubschrauber aus konnte ich zwar nichts erkennen, aber in meinen Gedanken war ich unten bei diesen Wundern der Natur – scheinbar in greifbarer Nähe und doch unerreichbar. Wir nahmen Kurs auf Sharm el-Sheikh und die Naama Bay, heute ein bedeutendes Touristenzentrum. Die weißen Hoteltürme waren die letzten Eindrücke an diesem Tag.

Am nächsten Morgen flogen wir wieder nach Norden Richtung Tiranstraße mit den Riffen Gordon, Thomas, Woodhouse und Jackson – weiße Steinzacken inmitten der blauen See. Aus bodenloser Tiefe scheinen sie emporzuwachsen, um einen Schutzwall vor den Golf von Akaba zu legen. Wir hielten auf Jazirat Tiran zu, eine Insel aus gelbem Wüstensand mit grandiosen Riffen und smaragdgrünen Lagunen in der Weite des Meeres. Ich sah das Wrack der Maria Schröder, die wie schlafend an der Felsküste des Nabq-Nationalparks lag, wo sie gestrandet war. Bei Dahab verließen wir den Golf und waren über dem Sinai.

Das Bild der Landschaft veränderte sich radikal. Eben noch hatte ich das changierende Blau und Grün des Wassers vor Augen gehabt, und Sekunden später lagen unter uns trockene Flussbetten und kahle Berge aus gelbem, rotem und braunem Gestein. Das ist die Arabische Wüste des Sinai, eine schier endlose Aneinanderreihung mächtiger Felsformationen von ständig wechselnder Erscheinung. Hier steht das griechisch-orthodoxe Katharinenkloster, errichtet im 6. Jahrhundert am Fuß des Gebel Musa (Mosesberg), auf dem Moses die Zehn Gebote Gottes auf zwei Tafeln geschrieben haben soll.

Auf dem Weg zum Golf von Suez überflogen wir die Oase Feiran mit ihrem Reichtum an grünen Palmen. Unwirklich wie eine Fata Morgana kam sie mir vor. Schließlich erreichten wir wieder die Westküste des Sinai, überquerten den Golf von Suez an der Stelle, wo der Kanal beginnt, und nahmen Kurs auf Kairo. Als wir landeten, war es dunkel. Ich schloss die Augen und sah die Riffe und Wellen und die Landzungen der Wüste, die sich wie Finger ins Meer erstreckten.

Anfang November war ich in Luxor beziehungsweise im antiken Theben – ein ebenso faszinierender wie mysteriöser Ort. Ich musste mich auf die großen Tempelbauten konzentrieren, die ich bereits gut kannte. Alles war vorbereitet, aber das Licht machte mir Sorgen. Nur die richtige Beleuchtung erzeugt die Atmosphäre, um die Tempel und das Tal der Könige im Widerschein der Legende zu zeigen.

Anders als sonst brachen wir zeitig vor Sonnenaufgang auf. In der Stille vor Tagesanbruch näherten wir uns dem Nil, es war noch dunkel. Alle schienen zu schlafen. Alles wirkte grau, aber es sollte ein strahlender Morgen werden. Der Himmel war wolkenlos, der Mond hing dicht über dem Horizont – ein gutes Omen. Weil es frisch war, hatte ich eine warme Jacke angezogen. Der Wind war die einzige Bewegung in der ansonsten erstarrten schemenhaften Landschaft. Plötzlich bemerkte ich, wie sich die Berggipfel im Westen hinter Theben rosa verfärbten, und begann zu fotografieren. Als ich mich umdrehte, sah ich den Rand der Sonne über dem Horizont. Mir blieben nur wenige Minuten, um bei besten Lichtverhältnissen Aufnahmen zu machen. Ich wies den Piloten an, nach Deir el-Bahari und zum Tal der Könige zu fliegen.

Augenblicke später waren wir am Ziel, und uns bot sich ein Anblick, den ich nie vergessen werde. Die Wüste erstrahlte in den Farben Rosa, Orange ... mir fehlen die Worte, es zu beschreiben. Ich fotografierte Deir el-Bahari, das Tal der Könige mit dem pyramidenförmigen Berg, noch einmal Deir el-Bahari und wieder das Königstal. Drei, vier Minuten waren inzwischen vergangen, und das Licht war anders geworden – immer noch schön, aber nicht mehr magisch.

Es war sechs Uhr früh. Wir flogen weiter über die Tempel von Medinet Habu, das Ramesseum, den Tempel Sethos' I. und über die Memnonkolosse, die letzten Überreste der Tempelanlage Amenophis' III. Dann drehten wir ab Richtung Nil, um die Tempel von Luxor und Karnak aufzunehmen. Letztere sind die majestätischsten aus Ägyptens großer Vergangenheit. Säulen, Höfe, Teiche, Sphingen und Obelisken zogen vor meinem Sucher vorbei, Zeugen einer grandiosen Geschichte, die uns heute noch in ihren Bann zieht.

Am Nachmittag folgten wir dem Lauf des Nils nach Süden. Ich kenne keinen Fluss, der mehr Geheimnisse birgt. Wie eine Riesenschlange windet er sich durch die Wüste, beidseitig von fruchtbarem Land umgeben, die Lebensader Ägyptens. Zwischen Dörfern aus Lehmhütten liegen bestellte Felder und unbebautes Terrain. Wir überflogen die Tempel von Esna, Edfu und Kom Ombo, die wie Wächter am Nilufer stehen, und erreichten Assuan, wo die Katarakte den Fluss vom Nasser-See trennen. Es war später Nachmittag mit warmem Licht und trockener Luft. Unten zog das verlassene Simeonskloster vorbei, dann noch einmal Assuan, wo der Nil im hellen Licht der

Nachmittagssonne glitzerte, durchsetzt mit den weißen Segeln der Feluken.
Vor Morgengrauen des nächsten Tages brachen wir erneut auf. Unser Ziel war Abu Simbel. Immer tiefer ging es nach Süden, weit hinaus über die Grenzen der Zivilisation. Es gab nur uns, den Hubschrauber und die Wüste. In Gedanken fragte ich mich, was wir hier zu suchen hatten, wohin wir eigentlich wollten. Es gab kaum Licht, und der Nasser-See verlor sich im Unbestimmten. So gefiel er mir nicht, er ließ mich kalt. Weiter nach Süden. Im diffusen Schein der Morgendämmerung enthüllte der See jetzt seine ganze Schönheit, wie eine dunkelblaue Luftspiegelung zwischen den gelben Ufern der Wüste – ein überwältigender Anblick, nicht von dieser Welt, eher aus einem Land der Wunder. Auf einem sandigen Höhenrücken tauchten drei antike Tempel aus dem sie umgebenden Dunkel ...
Den Tempel von Abu Simbel hatte sich Ramses II. zum ewigen Gedächtnis errichten lassen. Von 1964 bis 1968 wurde er im Zuge einer gewaltigen Ingenieursleistung an einen höher gelegenen Standort versetzt, um nicht vom aufgestauten Wasser des Nasser-Sees überflutet zu werden. Obwohl es reine Einbildung ist, kommt beim Anblick der zerlegten und wieder zusammengesetzten Bauwerke keine Entdeckerfreude auf, kein Schauder vor der Begegnung mit der Vergangenheit. Am Abend kehrten wir nach Luxor zurück. Ich war glücklich mit dem Erreichten und wollte meine Aufnahmen sehen.
Wir hatten geplant, im Dezember wieder von Kairo aus zu fliegen, aber schon eine halbe Stunde nach dem ersten Start entschloss ich mich wegen des schlechten Wetters zur Umkehr. Kairo lag unter einer dichten Dunstglocke. Es gab nichts zu fotografieren, und ich flog nach Hause.
Anfang April war die Wärme des Frühlings in die Stadt eingekehrt, und die Luft war klar. Ich flog über Kairo, eine Stadt mit großer Geschichte und bedeutenden Bauwerken. Majestätisch überragt die Zitadelle die umliegenden Häuser. Ich fotografierte die Moscheen und die Totenstadt mit den Mameluckengräbern, dann den Nil und die historische Altstadt, die Amerikanische Universität, die Luxushotels und das Verkehrschaos während der Stoßzeiten.
An den Nachmittagen flog ich über die Pyramiden von Khufu, Khafre und Menkaure, über den Sphinx und die anderen Erinnerungen an eine glorreiche Geschichte. Beim Manövrieren in die günstigsten Aufnahmepositionen hatte ich genügend Zeit, Majestät und Herrlichkeit dieser kolossalen Strukturen zu würdigen. Melancholie überkam mich, als ich mir ein Bild von der Zeit zu machen versuchte, in der sie errichtet worden waren, und von den geheimnisumwobenen Aufgaben, denen sie dienten. Aber in wenigen Augenblicken war alles vorbei und wir flogen nach Süden zur Stufenpyramide von Sakkara und besuchten eine der Pyramiden von Dahshur, in monumentaler Einsamkeit am Wüstenrand gelegen.
Auf dem Weg nach El-Faijum überflogen wir die gänzlich anders gestalteten Pyramiden von El-Lahun und Meidum. El-Faijum ist eine weitläufige Oase in Form eines Herzens. Im nördlichen Teil trennt der Qarun-See das fruchtbare Land von der Wüste. Wir folgten dem Ufer, unter uns die Wasserfläche in leuchtendem Orange wie ein Juwel zwischen endlosen Sanddünen. Den stärksten Eindruck an diesem Tag hinterließen die Tempel aus der Spätzeit südlich von El-Faijum, draußen in der Wüste, so als hätte die Zeit sie entrückt. Kein Tourist wagt sich so weit hinaus; keine Spur menschlichen Lebens. Über dem Tempelbezirk von Tebtunis ging der Hubschrauber tiefer, damit ich mir die Steinlöwen anschauen konnte. Am liebsten wäre ich ausgestiegen, um sie zu streicheln. Eines Tages werde ich es bestimmt tun!
Dass es ein Hubschrauber war, ein Symbol moderner Technik, das mir den Besuch dieser mysteriösen Tempel antiker Zeiten ermöglichte, gab mir ein komisches, irgendwie unbehagliches Gefühl. Aber es ging schnell vorbei.
Das Nildelta und die Mittelmeerküste fotografierte ich von Alexandria aus. Es ist eine wunderschöne Stadt, und ich versuchte mir vorzustellen, wie sie in der Antike ausgesehen haben könnte, mit dem großen Leuchtturm, der einst die Hafeneinfahrt beherrschte. An der Küste westlich von Alexandria reiht sich heute ein Hotel ans andere – fast bis nach El-Alamein, dessen Friedhöfe aus dem Zweiten Weltkrieg vom Mut und Schicksal der Soldaten zeugen, die von weither gekommen waren und hier starben.
Je näher Marsa Matruh und die Küste Libyens rücken, desto zerklüfteter zeigt sich die Uferlandschaft, und das Meer wird sauberer. Dieser Teil Ägyptens kommt nur selten ins Bild, hat aber einen eigentümlichen Reiz. Wir flogen nach Alexandria zurück und darüber hinaus ostwärts entlang der sandigen Küste. Das Wrack eines Frachters weckte mein Interesse. Wir kreisten, und ich schoss einige Aufnahmen, bevor wir Richtung Rosetta und Damietta abdrehten, wo die Fluten des Nils nach 5611 Kilometer langer Reise sich endlich ins Mittelmeer ergießen.
Ich kenne den Ursprung des Nils im Viktoriasee in Uganda, ich bewundere seinen gewundenen Lauf nördlich der Murchisonfälle, seine tiefen Schluchten in Äthiopien und das allmähliche Zusammenfließen der hellen und dunklen Wasser des Weißen und Blauen Nils in Khartum. Ich habe seinen Lauf verfolgt durch den Sudan,

habe die Pyramiden von Meroe, die Tempel Nubiens, die Monumente in Theben und die Pyramiden in Giseh mit Händen berührt. Ich habe die Entwicklung der Zivilisationen zurückverfolgt, die an seinen Ufern entstanden, habe ihre Geschichte studiert und die Kriege um die Herrschaft über das Land. Ich war von Anfang an fasziniert vom Schicksal der Forscher und Missionare auf der jahrhundertelangen Suche nach der Quelle des Nils – ein Geheimnis, das erst 1874 gelüftet wurde. Mein Held ist Henry Stanley; er war der mutigste von allen.

Wenn dieser geschichtsträchtige Strom schließlich seine Ruhe im Becken des Mittelmeers findet, dann scheint mir, als vereinige sich die Geschichte Afrikas mit der des klassischen Altertums. Dieser Gedanke kam mir angesichts seines gewundenen Laufs zwischen den Feldern und Bewässerungskanälen. Dann bemerkte ich in der Ferne Flecken von rotem, gelbem, grünem und hellblauem Wasser, die von besonderen Brunnen stammten und aussahen wie Farbkleckse auf der Palette eines Malers inmitten der Brackwasserlagune. Es war ein einmaliger, unerwarteter und erstaunlicher Anblick, den ich in mehreren Aufnahmen festhielt.

Unser nächstes Ziel waren die Sümpfe des Mansala-Sees nahe der Mittelmeerküste östlich von Damietta, wo ich zwischen dem Grün des Schilfs und der Binsendickungen Tausende von Segel-, Ruder- und Motorbooten entdeckte. Die Leute blickten herauf und winkten, während ich fotografierte. Ich winkte zurück. Sie wirkten fröhlich, standen auf und riefen. Auch ich fühlte mich glücklich, hier zu sein, zwar über ihren Köpfen, aber dennoch nahe bei ihnen, und für kurze Zeit empfand ich mich als Teil ihres Lebens. Wir mussten zurück nach Alexandria, und ich nahm Abschied von meinen neu gewonnenen Freunden, dem Nil und meinen Träumereien; aber vergessen werde ich sie nie.

Die letzte Etappe meiner Hubschrauberausflüge führte mich in die Westliche Wüste, den östlichen Ausläufer der Sahara, und zu ihren Oasen wie die von Siwa. Sie wirkt wie ein grüner Teppich, den man in der Wüste ausgerollt hat. Hier ließ sich Alexander der Große als Gottkönig bestätigen, und der Überlieferung nach wurde sein Leichnam hier verbrannt. Ins Grün der Palmen mischt sich das Blau des Wassers wie in einer körperhaft gewordenen Fata Morgana. Ruinen erinnern an die lange Geschichte der Oase und ihre Bedeutung als Verkehrsknoten der Karawanenwege durch die Sahara.

Nördlich davon liegt Baharija, wo ausgedehnte Palmenhaine die Eintönigkeit der kargen Wüstenlandschaft auflockern. Hier wird seit 1999 unter Leitung des führenden ägyptischen Ägyptologen Sahi Hawass eine Nekropole mit Tausenden reich geschmückter Mumien aus der Spätzeit freigelegt. Seitdem heißt das Gebiet Tal der Goldenen Mumien.

Am späten Nachmittag landeten wir auf dem Hof einer Volksschule, wo die Schüler und andere Neugierige uns schon seit dem Morgen beobachtet hatten, so als wären wir Besucher aus dem Weltall. Sie umringten mich schweigend und begrüßten mich mit lächelnden Gesichtern.

Der folgende Tag belohnte mich mit dem außergewöhnlichsten Anblick meines Lebens: der Weißen Wüste. Als alle noch schliefen, verließen wir Baharija und nahmen Kurs auf die Oase Farafra. Die gewundenen Grate der Sanddünen im Licht der Morgendämmerung schienen sich ins Unendliche zu erstrecken. Unversehens bot sich mir ein schier atemberaubendes Bild, als zwischen den roten Felsen und aus den fahlgelben Sandflächen blendend weiße Kalksteinformationen in riesigen Dimensionen auftauchten. Zum Horizont hin bedeckte das Weiß fast die gesamte Wüste wie nach einem ergiebigen Schneefall. Ein einmaliges Erlebnis. Im Sucher der Kamera verschwammen die Farben, als ich nach geeigneten Motiven Ausschau hielt. Eine kontrastreichere Landschaft hatte ich noch nie gesehen.

Mit diesem Naturschauspiel vor Augen beendete ich meine Reise durch Ägypten. Tausende außergewöhnlicher Bilder werden mir immer in Erinnerung bleiben als Vermächtnis eines Landes, das ich ins Herz geschlossen habe, seiner freundlichen Menschen und seiner einzigartigen Geschichte.

Marcello Bertinetti

18 Nahe dem Mansala-See im nordöstlichen Nildelta liegt eine eindrucksvolle Lagunenlandschaft mit üppiger Vegetation.

20–21 Zwischen El-Mansura und Damietta windet sich der Nil durch das fruchtbare Agrarland des nordöstlichen Deltas.

22–23 Theben West: der Totentempel Mentuhoteps II. und der Tempel der Königin Hatschepsut (rechts davon) in Deir el-Bahari. Im Hintergrund, jenseits der zerklüfteten Felswand, das Tal der Könige, wo die Pharaonengräber des Neuen Reichs errichtet wurden.

24–25 Die Korallenbänke vor Hurghada gehören zu den artenreichsten am ägyptischen Ufer des Roten Meers. In nur wenigen Metern Tiefe sieht man eine unvorstellbare Vielfalt von Korallen und Fischen.

26–27 Wie Meereswogen verlieren sich zwischen den Oasen Baharija und El-Faijum die Sanddünen dicht an dicht in der Weite.

ÄGYPTEN: LAND DER GEGENSÄTZE

Der Fluss, dem die jahrtausendealte Zivilisation des antiken Ägyptens ihre Entstehung verdankt, windet sich wie ein kobaltblaues Band durch grüne Felder und goldgelbe Wüstenstriche. Die alten Ägypter sahen in ihm eine Segen bringende, gütige Gottheit, und auch heute ist der Nil die Existenzgrundlage des Landes, eine pulsierende Ader, welche die schnell wachsende Bevölkerung dank eines ausgeklügelten, weit verzweigten und fortwährend ausgebauten Bewässerungssystems ernährt. Auf einer Länge von 6500 Kilometern, von den Quellen in Äthiopien und Ostafrika bis zur Mündung ins Mittelmeer, spendet der Fluss seine Lebenskraft, auch wenn sein ursprüngliches Bett seit Entstehung der Welt durch Eingriffe des Menschen verändert wurde.

An seinen Ufern erstrecken sich Landschaften von exquisiter Schönheit in wechselndem Farbenspiel, hervorgerufen vom Stand der Sonne und den Jahreszeiten, wie auf der Bühne eines Theaters. Zwischen dem feurigen Sand Nubiens und den grünenden Ebenen des Deltas liegen über 1000 Kilometer Wüste, schroffe Höhenzüge, ausgetrocknete Flussbetten, Vegetationsinseln und breite Steifen kultivierten Landes.

Westlich der fruchtbaren Niederungen des Niltals erhebt sich das Hochland der Westlichen Wüste mit Felsgebilden der unterschiedlichsten Art und Morphologie. Endlos breitet sich der Sand über sanfte Hügel, Zacken aus schwarzem Pyrit, vom Wind glatt geschliffene Kalksteinformationen, die eine göttliche Hand planlos in den unermesslichen Ozean aus Sand gesetzt zu haben scheint, der den östlichen Ausläufer der Sahara bildet. Hier, wo die Herrschaft der Sonne nur von der des Windes angefochten wird, sammelt sich das Leben in den fünf Oasen Siwa, Baharija, Farafra, Dakhla und Kharga.

Ostwärts davon, zwischen Nil und Rotem Meer, tritt das Panorama als weitläufige, felsige Hochebene in Erscheinung, Östliche Wüste genannt, die zur Küste hin stellenweise bis über 2000 Meter hoch ansteigt. Seit Jahrmillionen haben Flüsse, die es heute nicht mehr gibt, tiefe Wadis ins Gestein gegraben und Verbindungen vom Niltal zu den Küstenregionen geschaffen, natürliche Handelswege nach Arabien, zur Sinaihalbinsel und an die afrikanische Küste des Roten Meers. Die in diesem kargen Land entdeckten Erzlagerstätten bildeten die Grundlage für den Wohlstand des antiken Ägyptens. Vor allem im Osten und Südosten des Gebirges wurde goldhaltiger Quarz geschürft, der das »göttliche« Metall im Überfluss lieferte. Im Gold sah man das unvergängliche Fleisch der Götter, die dem Menschen Unsterblichkeit gewährten und dem Land wirtschaftliche Macht. Aus vornehmlich nubischen Steinbrüchen kamen Smaragde, Amethyste und Karneole für die Juwelen der königlichen Hofhaltung; Kupfer, Türkise und Malachit wurden auf dem Sinai abgebaut.

In unseren Tagen verläuft der Handel auf anderen Routen. Nach Eröffnung des Suezkanals 1869 verloren die alten Karawanenwege ihre Bedeutung zu Gunsten des Schiffsverkehrs zwischen Mittelmeer und Rotem Meer. Welche ökonomischen Vorteile das für Ägypten brachte, geht daraus hervor, dass dieses Meisterwerk moderner Ingenieurskunst die einzige direkte Wasserstraße ist, auf der man vom Mittelmeer und Europa im Norden nach Ostafrika und auf die Arabische Halbinsel im Süden gelangt, ohne den afrikanischen Kontinent umrunden zu müssen. Von entsprechend weitreichender Bedeutung ist auch der politische Aspekt, indem der Kanal Ägyptens Ansehen bei den Industriestaaten des Westens – und insbesondere auch bei den arabischen Staaten – stärkte und das Land in den Rang eines Vermittlers zwischen den verfeindeten Nationen des Vorderen Orients erhob.

Das zweite gigantische Bauwerk, das Ägyptens Gesicht verändert hat, ist der Assuan-Staudamm, der von 1964 bis 1968 errichtet wurde. Er bedeutete die Nutzung der gewaltigen Ressourcen des Nils nach modernen Gesichtspunkten unter dem Eindruck von zwei einander bedingenden Faktoren: des Schwindel erregenden Bevölkerungswachstums um rund eine Million Menschen pro Jahr, für welche die Ernährungsgrundlage fehlte, und der Tatsache, dass die Ernteerträge wegen der unvorhersehbaren Auswirkungen der natürlichen Überschwemmungen des Niltals erheblich schwankten.

Seit Errichtung des Staudamms ist die Agrarnutzfläche Ägyptens um 30 Prozent gewachsen, und die in den hydraulischen Kraftwerken erzeugte Energie wird an Nachbarländer verkauft. Dem gegenüber steht die Beeinträchtigung des hydro-geologischen Gleichgewichts im gesamten Niltal bis hinunter zum Delta. Die Zeiten, als man Ägypten als ein Geschenk des Nils bezeichnen konnte, sind endgültig vorüber.

In der Antike hat man den Nil als »Ursprung der Welt« bezeichnet. Mit dem ersten Hochwasser kam der fruchtbare Schlamm, der liegen blieb, als das Hochwasser allmählich zurückging, und den Urhügel formte. Auf diesem Schlammhaufen wurde das kosmische Ei ausgebrütet, und der Sonnengott erhob sich in Gestalt eines Vogels und

erleuchtete die Erde am ersten Morgen der Schöpfung. Von diesem Augenblick an gab es ein Maß für Zeit und Raum. Licht zerriss den Vorhang der Finsternis, und aus dem Nichts entstand Materie. Dieses Wunder vom »Ersten Erschaffen« wiederholte sich täglich bei Sonnenaufgang und Jahr für Jahr beim Hochwasser des Nils und würde so weitergehen bis zum jüngsten Tag. Aus diesem Glauben entwickelte sich die Anschauung von einer zyklisch und linear verlaufenden irdischen Existenz, die nur der Sonnengott beenden konnte, indem er alles Erschaffene den schlammigen Fluten zurückgab.
Diese Prophezeiung ist teilweise eingetreten. Mit der Errichtung des Assuan-Hochdamms und der Entstehung des künstlichen Sees, benannt nach dem damaligen ägyptischen Präsidenten Gamal Abd el-Nasser, blieben die Überschwemmungen mit ihrer fruchtbaren Fracht aus. Der Lebensspender Ägyptens war in Fesseln gelegt, und das ehemalige Unternubien sowie große Bereiche Obernubiens (heute Teil des Sudan) versanken im See, zusammen mit vielen Dörfern und Tempeln samt ihrer Geschichte. Dank des Eingreifens der UNESCO und der vereinten Bemühungen vieler Länder konnten die wichtigsten Tempelbauten gerettet werden: Philiae, Abu Simbel, Kalabsha und sieben weitere Sakralbauten wurden in Teile zerlegt, abtransportiert und Stein für Stein auf höher gelegenem Gelände wieder zusammengefügt.
Trotz aller Eingriffe in die Natur sind von der Landmasse Ägyptens nur sechs Prozent als Agrarflächen nutzbar, vorwiegend am Unterlauf des Flusses, im Delta, in den großen Oasen und an der schmalen Nordküste. Das reicht nicht für eine Bevölkerung von 65 Millionen Menschen, der zweitgrößten nach Nigeria auf dem afrikanischen Kontinent, und ihre Zahl nimmt ständig zu. Es gibt nur wenige Großstädte, und bis auf Alexandria und die Megalopolis Kairo liegt die Einwohnerzahl unter 400 000. Die meisten liegen im Delta. Im Süden des Landes lebt die Bevölkerung an den Nilufern. Der Fluss und die historischen Monumente sind die Triebkräfte hinter der florierenden Tourismusindustrie, die auch in weniger begünstigten Regionen zu mehr Wohlstand führt. Aber die ökonomischen und sozialen Fortschritte infolge der gesellschaftlichen Modernisierung, die sich zum Beispiel im Rückgang des Analphabetentums und der Verbesserung der rechtlichen Stellung der Frauen äußert, kommen nur einer Minderheit zugute.
Lehmhütten am Rand landwirtschaftlicher Anbauflächen und Industriegebiete abseits der Touristenströme sind äußere Zeichen eines Kampfes ums tägliche Überleben. In vielen Gegenden mangelt es an sauberem Trinkwasser trotz der Bemühungen um Verbesserung der Bewässerung und Abwasserentsorgung. Wir dürfen nicht vergessen, dass die Million Quadratmeter Ägyptens ein Teil der gewaltigen Wüste sind, die Afrika vom Atlantik bis zum Roten Meer überzieht.
Aber die Wüste birgt auch ein enormes ökonomisches Potenzial in sich. Weitab vom Nil, unter der Westlichen Wüste, liegen ausgedehnte Vorkommen des »schwarzen Goldes« unserer Zeit. Ägypten ist eines der größten Exportländer von Erdöl und anderen Bodenschätzen, aber die Erzeugungskosten, insbesondere im Hinblick auf ökologische Verträglichkeit, sind hoch.
Die Auswirkungen des technologischen und industriellen Fortschritts sind unübersehbar, vor allem in einem Land mit so viel unverdorbener Naturschönheit. Das empfindliche biologische Gleichgewicht wurde schon durch die Errichtung des Suezkanals und des Assuan-Hochdamms gestört. Hinzu kommt die neu geschaffene Infrastruktur, um die Touristenströme bewältigen zu können – die Haupteinnahmequelle des Landes.
Ein signifikantes Beispiel dafür sind die Sandstrände von Quseir südlich von Hurghada. Hier lag einst der Hafen, wo die Schiffe der Pharaonen ins Land von Punt aufbrachen, das man heute zwischen Eritrea und Somalia vermutet, um das Königreich mit Gold, Ebenholz, Elfenbein, Myrrhe und kosmetischen Ölen zu versorgen. Mit seinem unvergleichlichen Reichtum an Flora und Fauna ist das Rote Meer ein Paradies für Taucher. Jährlich besuchen 200 000 Touristen die gepflegten Strände auf der Suche nach Sonne, Meer und Exotik. Seit 20 Jahren befindet sich diese Region in einem Aufschwung, der häufig mit dem Schutz der natürlichen Umwelt nicht vereinbar ist. Die Behörden sahen sich deshalb gezwungen, Reservate für die Natur zu schaffen, wie den bezaubernd schönen Ras Muhammad National Marine Park an der Südspitze der Sinaihalbinsel.
So ist die Wirklichkeit in Ägypten, einem Land mit schroffen Gegensätzen und einem kulturellen Erbe wie kein anderes auf der Welt. Mythos und Realität existieren nebeneinander und schaffen eine Dimension, die teils zugänglich ist, teils weit entrückt. Antike und Neuzeit gründen auf demselben Boden, ohne sich je wirklich zu begegnen. Aber indem Vergangenheit und Gegenwart einander ergänzen, vermitteln sie uns eine greifbare Vorstellung von der historischen Größe Ägyptens.

30 oben
Die Mittelmeerküste zwischen El-Alamein und Sidi Abd el-Rahman.

30 unten Die Ruinen des alten Siwa, im Hintergrund das Kalksteingebirge am Ufer des Siwa-Sees.

32–33 Luxor, das berühmte »Theben der hundert Tore«, erstreckt sich am östlichen Nilufer. Die Totenstadt liegt auf der Libyschen Hochebene oberhalb des kultivierten Landstreifens.

34–35 Die Dattelpalmenplantagen von Siwa verwandeln die Oase in ein Meer aus Grün inmitten der Wüste.

36–37 Ein muslimischer Friedhof im Schatten der Pyramiden von Sakkara.

38–39 Die Geografie des Meeresbodens der breiten Bucht vor Marsa Matruh spiegelt sich in den wechselnden Farben des Wassers des Mittelmeers. Die sauberen, gut gepflegten Strände werden sommers von vielen Touristen besucht.

ROSETTA
Baltim
DAMIETTA
Mansala-See
ALEXANDRIA
PORT SAID
El-Mahalla
El-Mansura
El-Arisch
Damanhur
Zifta
SUEZKANAL
Zagazig
ISMAILIJA
SUEZ
SINAI
GISEH
KAIRO
Sakkara
Dahschur
Taba
KARUN-SEE
EL-FAIJUM
Meidum
ANTONIUS-
KLOSTER
GOLF VON SUEZ
Nuweiba
Medinet Madi
Beni Suef
Tebtynis
PAULUS-
KLOSTER
KATHARINEN-
KLOSTER
SAMUEL-
KLOSTER
ÖSTLICHE WÜSTE
Gubalstraße
Dahab
Golf von Akaba
SHARM
EL-SHEIKH
TIRAN
El-Minya
RAS MOHAMMED
HURGHADA
Asyut
PORT SAFAGA
ROTES MEER
Quseir
Abydos
Dendera
KARNAK
TAL DER KÖNIGE
THEBEN WEST
LUXOR
OASE KHARGA
Esna
Edfu
Wadi Gimal I.
KOM OMBO
ASSUAN
ASSUAN-HOCHDAMM
PHILAE
RAS BANAS
NASSER-
SEE
Wadi el-Sebua
Abu
Simbel

DELTA UND MITTELMEERKÜSTE

Die fruchtbare Ebene, die sich einem Fächer gleich zum Mittelmeer hin erstreckt, ist das letzte Geschenk des Nils, bevor er sich ins Meer ergießt. Einige Kilometer nördlich von Kairo, wo der stille, majestätische Strom sich in die zwei großen Arme von Rosetta und Damietta gabelt, vollzieht sich eine erstaunliche Metamorphose des Geländes, das sich zu einer riesigen grünen, von Kanälen zerschnittenen Fläche ausbreitet.
Das Delta besteht aus Alluvialboden, den der Nil seit dem Oberpliozän ins Meer hinausgeschwemmt hat. In mehreren zehntausend Jahren füllte sich die Bucht, die bis nach Kairo reichte, ganz allmählich mit Schlamm und Geröll, bis eine Landfläche entstand, die heute als grüne Lunge Ägyptens gilt. Die außergewöhnliche Fruchtbarkeit des Bodens ist der unermüdlichen Arbeit der Bauern zu danken, daneben auch den Bewässerungsanlagen, mit deren Bau in der ersten Hälfte des 19. Jahrhunderts begonnen wurde, um die Segnungen des Nils besser nutzen zu können. 1835 wurden unter dem berühmten Mohammed Ali Pascha die Dämme des Rosetta- und Damiettaarms vollendet, die schon Napoleon zur Regulierung des Deltas und zur Schiffbarmachung der beiden Arme geplant hatte. Die folgenden Projekte bis zum Bau des Hochdamms bei Assuan 1964 dienten dazu, die Ernteerträge zu steigern und die landwirtschaftlichen Nutzflächen zu vergrößern. Noch heute versucht man unter dem Eindruck der schnell wachsenden Bevölkerung mit hydro-geologischen Baumaßnahmen, die den Suezkanal mit einschließen, neues Agrargelände zu gewinnen.
Als Alexander der Große Ägypten eroberte und 332 v. Chr. den Grundstein zur Errichtung von Alexandria legte, bot das Delta ein völlig anderes Bild. Tamehw, das »Land des Papyrus«, wie die alten Ägypter es nannten, bestand aus weitläufigen Marschen, durchsetzt mit Inseln aus Papyrusstauden und bevölkert von vielen Meerestieren. So hatte die Welt schon ausgesehen, als sie beim Schöpfungsakt aus dem Schlamm entstanden war. In diesem urzeitlichen Biotop vermischten sich die schlanken Stängel und zarten Blüten des Papyrus mit dem sattgrünen Schilf, in dessen Dickungen Göttin Isis ihren Sohn Horus gebar. Die Vogeljagd in den Marschen auf Booten aus Bündeln von Papyrusrohr diente den Prinzen und Würdenträgern der Pharaonen als beliebter Zeitvertreib. Als heraldisches Symbol Unterägyptens stand der edle Papyrus in enger Beziehung zur Lotosblume Oberägyptens; beide zusammen repräsentierten die Vereinigung der Zwei Länder unter der Oberherrschaft des Pharaos.
Aus dem in Streifen geschnittenen Mark der biegsamen Papyrusstängel wurde in der Antike der Stoff zum Beschreiben gewonnen und nach der Pflanze benannt. Eine immer intensivere landwirtschaftliche Nutzung, zu der sich in letzter Zeit auch Industrieansiedlungen gesellten, haben das natürliche Umfeld dieser uralten Sumpfpflanze so radikal verändert, dass sie heute nur noch in botanischen Gärten gedeiht.
Wie eine Drehscheibe zwischen Nordostafrika, den europäischen Mittelmeerländern und Kleinasien gelegen, spielte Unterägypten eine herausragende Rolle bei der gesellschaftlichen Entwicklung im Pharaonenreich und beeinflusste in diesem Sinne auch den Süden des Landes, obwohl im Norden die architektonischen Zeugen der Geschichte spärlicher vertreten sind als in Oberägypten mit seinem trockenen Wüstenklima. Im Delta hingegen sind nahezu alle Monumente im Alluvialboden versunken, den der Nil in Jahrtausenden hier abgelagert hat. Hier ist die Archäologie fast ausschließlich auf Luftaufnahmen angewiesen, die vom Boden aus nicht erkennbare Strukturen sichtbar machen. Unterschiedliche Einfallswinkel des Lichts zeigen schon geringfügige Veränderungen der Bodenbeschaffenheit an, je nach Ausdehnung und Dicke der Schichten und nach dem Feuchtigkeitsgehalt der Ablagerungen. Daraus werden Schlüsse gezogen auf das Vorhandensein unterirdischer Bausubstanz wie Mauern, Kanäle, Straßen, Zisternen, Gräber und so weiter. Natürlich ist es nicht immer möglich, auf Nutzflächen oder in Wohngebieten Grabungen anzustellen, so dass die meisten Tempel, Paläste und Städte unerforscht unter Dörfern und Feldern liegen.
So paradox es klingen mag: In diesem Gebiet ohne nennenswerte architektonische Sehenswürdigkeiten und abseits der Touristenrouten hat sich der Geist des alten Ägyptens in seiner ursprünglichen Form erhalten. Die Obstplantagen und Felder bieten nicht nur einen idyllischen Anblick, sondern vermitteln in einer Art Zeitreise einen Abstecher in eine Welt zwischen Vergangenheit und Gegenwart. Hier leben und arbeiten die Bauern, Schäfer und Dörfler noch genauso wie vor Jahrtausenden, als sie neben dem eigenen Bedarf die Paläste und Tempel mit landwirtschaftlichen Produkten versorgten.
Wenn man sieht, dass sich das ländliche Leben im Delta heute noch genauso abspielt wie auf den Wandmalereien in den antiken Gräbern, könnte man meinen, der technische Fortschritt habe einen Bogen um das Delta geschlagen. Geräuschlos gleiten die Feluken durch die Kanäle, in duftenden Eukalyptus- und Palmenhainen

41 Ein Segelboot auf dem Mansala-See, dem größten im Nildelta. Nur eine schmale Nehrung im Norden trennt das Gewässer vom Mittelmeer.

reifen die Früchte, Fellachen bestellen die Felder mit Geräten, die schon ihre Vorfahren benutzten, Kinderstimmen mischen sich unter die Laute der Tiere im Stall. Schöpfräder zwischen den Feldern sorgen für die Bewässerung wie zu Pharaos Zeiten, und die Handpflüge werden von Ochsen gezogen. Die Bewässerungsgräben zerlegen das Land in ein Netzwerk aus unterschiedlichen Farben, je nachdem, was gerade angebaut wird: Weizen, Reis, Mais, Baumwolle und Klee neben Obst und Gemüse. Alles zusammen bildet einen bukolischen Flickenteppich von erlesener Schönheit.

An der Mündung des Deltas ist alles ganz anders. Der 200 Kilometer lange Küstenstreifen besteht aus Buchten, Lagunen, Wasserläufen und weißem Strand. Schmale Nehrungen trennen große Binnenwasserflächen vom Meer wie die Seen Burullus und Manzala, die Reihern und Flamingos als Brutstätten dienen.

Einst begannen hier die Handelswege und Heerstraßen zwischen Ägypten und der Mittelmeerküste. Die Arme des Nils förderten den Handel innerhalb des Deltas und bildeten Wasserwege zum offenen Meer. Die Mündungen der Hauptarme – früher sollen es fünf gewesen sein, heute sind es nur zwei: Rosetta und Damietta – waren natürliche Kanäle, die als Häfen und Anlegeplätze genutzt wurden. Die Schiffe der Pharaonenflotte transportierten Steine, Holz, Geschenke und Tribute. Sie umfasste Fähren, Fischerboote, Kriegs- und Handelsschiffe, die nicht nur Rohstoffe und Waren für den Ex- und Import beförderten, sondern – was noch wichtiger ist – Kultur. Dank der Fortschritte in der Unterwasserarchäologie hat man Reste alter ägyptischer Häfen geortet, vor allem im Gebiet von Alexandria, wo vom Meeresgrund dicht vor der Küste Steinblöcke und Fragmente von Statuen geborgen wurden. Es gibt den Hoffnungsschimmer, dass man – wenn schon nicht den berühmten Leuchtturm von Pharos – vielleicht die alten Gebäude der hellenistischen Stadt retten könnte.

Im Lauf der Geschichte erlebten die Häfen wechselnde Perioden der Blüte und des Niedergangs in ihrem fortwährenden Wettstreit um die Vormachtstellung bei der Seekriegsführung und im Handelsverkehr, aber infolge der historischen und geologischen Veränderungen finden sich außer bei Alexandria keine Spuren weiterer ägyptischer Seestädte am Meeresgrund entlang der Küste.

Heute ist Alexandria die größte Hafenstadt des Landes. Im 8. und 9. Jahrhundert musste es diesen Rang vorübergehend an das nahe gelegene Rashid (Rosetta) abtreten, das 870 von Arabern auf den Ruinen einer älteren Stadt gegründet worden war. Die zunehmende Bedeutung, die Alexandria unter Mohammed Ali Pascha erlangte, ging jedoch zu Lasten der Rivalin. Das moderne Rosetta ist eine beschauliche Stadt im ottomanischen Stil, durchzogen von Palmenalleen mit mosaikgeschmückten Moscheen und Kalifenpalästen. Im Fort St. Julien nahe der Stadt fand Capitain Bouchard von der napoleonischen Expedition den berühmten Stein von Rosetta, der es François Champollion ermöglichte, die ägyptische Hieroglyphenschrift zu entziffern.

Viel stürmischer verlief die Geschichte Damiettas, im Altertum Tamiathis genannt. Heute lebt es vom Verkehr entlang der Küste, aber früher, insbesondere nach der Eroberung durch die Araber, war es die Stadt wohlhabender Kaufleute, die mit Kaffee, Reis, Öl und Datteln handelten. Strategisch wichtig an der Nordostküste gelegen, erlebte sie erbitterte Schlachten mit unterschiedlichem Ausgang zwischen Kreuzfahrern und Arabern, bis die Festung schließlich 1251 fiel. Vom Mameluckensultan Baybars wurde sie weiter westlich erneut aufgebaut. Nach der Eröffnung des Suezkanals übernahm Port Said die Rolle Damiettas als Handelszentrum. Heute lebt die Stadt vorwiegend von der Kleinindustrie, welche die Landwirtschaft im Delta beliefert.

Nicht nur Damietta, sondern der gesamte nordöstliche Bereich des Deltas geriet in den Sog des Suezkanals, der das Rote Meer mit dem Mittelmeer verbindet. Gäbe es ihn nicht, wäre die Wüste zur Sinaihalbinsel hin das geblieben, was sie jahrtausendelang war: ein öder, unfruchtbarer Landstreifen, der zu nichts taugte außer zum Transitverkehr zwischen Ägypten und dem Vorderen Orient. Es gab keine Dörfer, Städte oder Tempel, nur Beduinenstämme und Räuberbanden, welche die Karawanenwege unsicher machten. Über diese Wüste waren die asiatischen Völker in Ägypten eingefallen. Die Kriegsheere der Hyksos, Assyrer, Perser und Araber waren diesen Pfaden gefolgt, auf denen der Staub der Zeit alle Spuren verwischt hat.

Es lässt sich nicht leugnen, dass mit dem Suezkanal die Geschichte des modernen Ägyptens begann. Die Eröffnung 1869 war ein Ereignis von großer Tragweite und verschaffte der Wirtschaft des Landes ungeahnte Perspektiven. Dank der Gründung von Häfen entstanden Ansiedlungen an Orten, die bisher als unbewohnbar galten, und ihre Bedeutung wuchs mit der Zunahme des Schiffsverkehrs.

Die Ausführung des ehrgeizigen Großprojekts, das vom weitsichtig planenden Mohammed Ali Pascha in die Wege geleitet worden war, wurde von seinem Sohn Ismail nach Jahren harter Arbeit und zahlloser politischer Querelen vollendet. Es verschlang Riesensummen, sodass sich Ägypten zur Finanzierung und Bereitstellung technischen Geräts an Europa wenden musste. Frankreich leistete einen beachtlichen Beitrag, der sich jedoch amortisieren sollte im Sinne eines politischen Protektorats über Ägypten zusammen mit den Engländern. Dieser Zustand dauerte bis 1956.

Aus den Berichten Herodots, die von archäologischen Funden aus der damaligen Zeit untermauert werden, wissen wir, dass es in der Antike eine schiffbare Verbindung zwischen dem Nil und dem Roten Meer gab. Die treibende Kraft hinter diesem Projekt war vermutlich der saitische Pharao Necho II., der im 7. Jahrhundert v. Chr. den Pelusiumarm des Flusses nahe Bubastis in das Trockenbett des Wadi Tumilat bis zum Timsah-See, wo jetzt die Stadt Ismailija steht, umleiten ließ. Von hier aus erreichten die Schiffe das Meer über die miteinander verbundenen Bitterseen. An manchen Stellen sieht man noch Reste der Kanäle.

Auch in diesem Fall waren Luftaufnahmen eine wertvolle Hilfe bei der archäologischen Rekonstruktion. Bei Aufklärungsflügen der israelischen Luftwaffe entdeckte man 1975 einen alten Kanal zwischen dem Golf von Suez und dem Mittelmeer. Beim Überfliegen der Region westlich von Ismailija kann man nahe dem modernen Tell el-Mas'chuta die Ruinen von Tjeku erkennen, des »Hauses von Amun« und der einzigen Raststätte im Mittelabschnitt des Wadi Tumilat.

Wenige Kilometer von Tjeku entfernt entstand 2500 Jahre später während der Bauarbeiten am Kanal das moderne Ismailija, eine elegante Stadt mit Gründerzeitvillen und blumengeschmückten Trottoirs für die Europäer, die für den Khediven Ismail tätig waren. Die den Hafen säumenden Gärten und Bäume spiegeln sich im blauen Wasser des Timsah-Sees, dem kleinsten der Bitterseen. Trotz seines Namens »Krokodilsee« findet man darin keine dieser Riesenechsen. Stattdessen laden die herrlichen Strände zum Baden ein. Von vielen natürlichen Quellen bewässert, zeigt sich das Umland als Grüngürtel, in dem Tomaten, Mangofrüchte und Erdbeeren angebaut werden.

Verlässt man den Kanal und fliegt über den mittleren östlichen Bereich des Deltas, scheint die grüne Ebene kein Ende zu nehmen. Hin und wieder wird der Blick von einem Hügel angezogen, der aus dem Flachland ragt. Man nennt diese künstlichen Erhebungen, unter denen die Reste einst bewohnter antiker Gebäude liegen, *Tell* oder *Kom*. Manchmal treten sie als isolierte Gruppen auf, bisweilen zahlreich auf größere Flächen verteilt, oft teilweise bedeckt von Feldern und Dörfern – einzige Spuren aus alter Zeit. Was die Araber von den Pharaonenbauten nicht abrissen, um daraus Moscheen und Stadtpaläste in Kairo zu errichten, schleiften die einheimischen Bauern auf der Suche nach *sebbakh*, einem wachstumsfördernden, als Dünger verwendeten Bestandteil der zerfallenden Lehmziegel.

Touristen auf der Suche nach sehenswerten Bauwerken werden enttäuscht sein über den desolaten Zustand der Pharaonentempel im Delta. Dieses Gebiet spiegelt die andere Seite Ägyptens, wo Menschen aller gesellschaftlichen Schichten auf engstem Raum zusammenleben und ihrer Umgebung das Nötigste zum täglichen Überleben abringen müssen. Und trotzdem haben diese von der Geschichte vernachlässigten Orte eine gewisse Ausstrahlung, so als trage der Wind Stimmen aus der Vergangenheit heran, die uns daran erinnern, dass sich hier einst die größte Stadt Unterägyptens ausbreitete mit Tempeln, Nekropolen und Katakomben. Während der vergangenen Jahrzehnte haben die Archäologen im Delta wahre Wunder vollbracht in ihrem Bemühen, den spärlichen Überresten Gestalt und Würde zurückzugeben. Der Blick aus der Vogelschau bringt etwas Ordnung in das scheinbare Chaos der versunkenen Ruinen. Von oben erkennt man die Anlagen in ihrer ursprünglichen Form: den Ring der Verteidigungswälle, die Säulen der Höfe, die freien Flächen ehemaliger Gärten und die Fundamente von Gebäuden – Teile eines großen Ganzen, das sich auf diese Weise einigermaßen originalgetreu rekonstruieren lässt.

Auf einem zehn Kilometer großen Areal zwischen Tell el-Dab'a und Qantir am Pelusiumarm des Nils lag die berühmte Stadt Avaris, wo die aus Asien eingedrungenen Hyksos sich niederließen, um Ägypten während der Fünfzehnten Dynastie (1650–1550 v. Chr.) zu beherrschen. Später ließen die Ramessiden die Stadt zu einer prachtvollen Residenz umbauen und nannten sie Pi-Ramesses. Abgeschirmt von jeglicher Zersiedelung werden hier die Ausgrabungen weiter vorangetrieben – ein Mosaik von gigantischen Ausmaßen, das die Ägyptologen wieder zusammenzusetzen versuchen.

Viele der ursprünglichen Monumente der Residenz fand man an einer etwas weiter nördlich gelegenen Stelle, in Tanis, der Haupt- und Totenstadt der Pharaonen der Einundzwanzigsten und Zweiundzwanzigsten Dynastie (1075–718 v. Chr.) und der bedeutendsten, mächtigsten Stadt im Delta bis ans Ende der Pharaonenzeit. Einer im alten Ägypten verbreiteten Übung folgend, usurpierten die Herrscher von Tanis Statuen, Obelisken, Sphingen und andere Architekturelemente ihrer Vorgänger und errichteten damit ihren eigenen Regierungssitz.

In der Mitte dieser ausgedehnten, vegetationslosen Ebene liegt der *tell* mit den Ruinen von Tanis unter einem oft niedrigen, wolkenverhangenen Himmel, der eine fast unwirkliche, lunare Atmosphäre erzeugt. Vereinzelte Statuen, die man wieder aufgerichtet hat, stehen wie Gespenster zwischen Hunderten kolossaler Steinblöcke, deren Anordnung weder Plan noch Sinn erkennen lässt. Von oben betrachtet präsentiert sich der große *temenos*, der den Tempel Amuns und andere Heiligtümer beherbergte, als beklemmendes Symbol der Vergänglichkeit, und der Nachhall einstiger Größe erstirbt zwischen den verstreuten Steinquadern. Für einige Zeit brachte der Glanz des Silbers von den Sarkophagen und des Goldes der Grabbeigaben, die man in der Königsnekropole südlich des Tempels ausgegraben hatte, einen Schimmer von Helligkeit in die düstere Atmosphäre von Tanis, aber nachdem man die Funde dem Ägyptischen Museum in Kairo überstellt hatte, verlosch auch dieses Licht.

Den Bauwerken von Bubastis, Sais, Naukratis, Buto und der anderen politischen und religiösen Zentren Unterägyptens war kein günstigeres Schicksal bestimmt. Wie die Adelsgeschlechter, mit denen sie den Ruhm vergangener Größe teilten, schwanden sie allmählich dahin, und nichts ist von ihnen geblieben als gesichtslose Trümmerhaufen. So deprimierend ihr Anblick auch ist, kaum ein Besucher des Deltas wird sich dem Bann entziehen können, den diese traurigen Ruinen auf den Betrachter ausüben.

Die Situation in Alexandria ist eine andere, denn es hat als einzige Stadt seine Vergangenheit in die Gegenwart retten können. Auf der felsigen Landenge zwischen Meer und Mareotis-See gelegen, bildet die moderne Stadt einen schmalen, 20 Kilometer langen Küstenstreifen. Beim Überfliegen der Umgebung erkennt man noch die Reste alter Kanäle, die Alexandria mit einem Nilarm verbanden. Diese schiffbaren Verbindungswege dienten dem Handel zwischen Delta, Niltal und Mittelmeer.

Die heute noch sichtbaren ältesten Teile der Stadt stammen aus dem Jahrhundert vor der Ankunft des großen makedonischen Heerführers, der hier die zweite Hauptstadt seines Reiches gründete, indem er den kleinen ägyptischen Hafen Rhakotis zur glanzvollsten und weltoffensten Metropole am Mittelmeer ausbauen ließ. Als politische und wirtschaftliche Drehscheibe des hellenistischen und römischen Ägyptens entwickelte sich Alexandria zum Schmelztiegel der Kulturen und Religionen. In einem in der Antike beispiellosen Fermentationsprozess trafen die Traditionen des Ostens und des Westens aufeinander und befruchteten sich gegenseitig. Es entstanden kulturelle Einrichtungen, Büchereien und Akademien, die über Jahrhunderte namhafte Philosophen und Scholasten anzogen.

Mit dem Einzug des Christentums war Alexandria mit seinen heidnischen Wurzeln die erste Stadt, die sich der neuen Lehre beugte. Alexandria hatte sich seit jeher unkonventionellen Denkweisen gegenüber aufgeschlossen gezeigt, und nach der Christianisierung durch den Evangelisten Markus um 40 n. Chr. spielte es eine maßgebliche Rolle bei der Verbreitung des christlichen Glaubens in Ägypten und beteiligte sich an den heftigen theologischen Streitgesprächen über Glaubensfragen, welche die Frühkirche spalteten. Schließlich entschieden sich die Patriarchen von Alexandria für umfassende Autonomie und die monophystische Lehre und gründeten die koptische Kirche.

Zu beiden Seiten des Niltals entstanden in der Wüste Klöster und Einsiedeleien sowie kleine koptische Gemeinden, die bis ins 4. Jahrhundert n. Chr. von den römischen Kaisern gnadenlos verfolgt wurden. Die Klöster von Wadi Natrun südöstlich von Alexandria, das Antoniuskloster und das Pauluskloster nahe dem Roten Meer und das Katharinenkloster auf dem Sinai waren die Hüter und Verkünder des ägyptischen Christentums. Die erbitterte Verfolgung der ägyptischen Häretiker erschütterte das Land in seinen Grundfesten, und als 619 die Perser ins Land einfielen, wurden sie von der Bevölkerung willkommen geheißen, nicht gerade begeistert, aber mit Erleichterung.

Unter arabischer Besetzung verblasste Alexandrias Glanz plötzlich und für lange Zeit. Der Handel mit dem Osten hatte die Grundlage des Wohlstands geliefert, selbst noch in den unruhigen Zeiten politischer und religiöser Auseinandersetzungen, aber nachdem die Araber Kairo zu ihrem Herrschersitz gewählt hatten, ging Alexandrias Stern unter.

Als Napoleon mit seiner Armee und 200 Wissenschaftlern im Gefolge hier an Land setzte, sah er kaum mehr als ein Fischerdorf vor sich. Erst im 19. Jahrhundert und dank der weitsichtigen Pläne Mohammed Ali Paschas kehrten Würde und Ansehen in die geografisch günstig gelegene Stadt zurück. Alexandria entwickelte sich ein weiteres Mal zu einem florierenden Hafen und kosmopolitischen Zentrum, in dem die Aristokratie Ägyptens und Europas verkehrte.

Im heutigen Alexandria ist viel von der eleganten Architektur und Atmosphäre jener Zeit erhalten geblieben, aber fast alle Spuren seiner klassischen Vergangenheit sind unter den Fundamenten moderner Bauten verschwunden. Übrig geblieben sind das herrliche römische Amphitheater, die Ruinen der Badeanlagen und über den Resten des alten Serapis-Tempels die etwa 27 Meter hohe Pompeiussäule aus rotem Assuan-Granit.

Am Ende der östlichen Landzunge vor dem Hafenbecken, wo sich heute Fort Kaitbai aus dem 15. Jahrhundert erhebt, gab es im Altertum eine Insel mit einem der Sieben Weltwunder der Antike, dem großen Leuchtturm von Pharos, tausend Jahre lang das strahlende Wahrzeichen Alexandrias. An der Westspitze ließ Mohammed Ali Pascha den Palast Ras el-Tin erbauen, der den ägyptischen Königen als Residenz diente. 1952 wurde die Monarchie abgeschafft, und Ägypten erklärte sich zur ersten Vereinigten Arabischen Republik.

Weiter im Westen zeigt das Luftbild der Küste den deutlichen Gegensatz zwischen dem klaren, türkisfarbenen Wasser des Mittelmeers und den Fremdenverkehrseinrichtungen am Strand. 105 Kilometer weiter, in El-Alamein, werden Erinnerungen an eine der blutigsten Schlachten des Zweiten Weltkriegs um die strategische Vorherrschaft in Nordafrika wach. Im Oktober 1942 befahl der englische Feldmarschall Montgomery den Angriff der Alliierten auf die Italiener und Deutschen unter Generaloberst Erwin Rommel, die vernichtend geschlagen wurden. Bei den Kampfhandlungen starben Zehntausende Soldaten, die auf drei großen Friedhöfen außerhalb der Stadt ihre letzte Ruhe gefunden haben.

Etwa zehn Kilometer westlich des britischen Soldatenfriedhofs liegt das deutsche Ehrenmal, für das die Burg des Stauferkaisers Friedrichs II. in Castel del Monte in Apulien das Vorbild lieferte. Die sterblichen Überreste der über 4000 Gefallenen sind in Grüften unter den sieben Steinkenotaphen in den Nischen des Innenhofs bestattet.

Vier Kilometer davon entfernt steht das aus weißem Marmor errichtete Mausoleum des italienischen Ehrenmals, dessen Mittelturm man schon von weitem erkennt. »Nicht der Mut hat sie verlassen, sondern das Glück«, lautet einer der bewegenden Nachrufe, und es ist die schicksalhafte Tragik dieses mutigen Einsatzes und der hohen Ideale, die dahinter standen, die aus den im unbarmherzigen Licht der afrikanischen Sonne gleißenden weißen Marmorblöcken spricht.

46–47 Auf dem Weg zum Meer windet sich der Ostarm des Nils in ausladenden Schlingen durch die Baumwollplantagen zwischen El-Mansura und Damietta. Das Gebiet ist eines der wohlhabendsten im Delta.

48–49 und 49 oben Hafenanlagen und Lagerhallen an der Mündung des Damietta-Zweigarms des Nils. Die ins Meer hineinragenden Steinwälle dienen als Wellenbrecher. Im Altertum legten hier Handelsschiffe an, beladen mit Kaffeebohnen, Leinen, Olivenöl und Datteln.

49 unten Bevor er ins Meer fließt, zieht der Nil an den begrünten Niederungen von Rosetta vorbei, einst unwirtliche Sümpfe, heute fruchtbare Plantagen.

50 Ein mit Binsen beladenes Segelboot auf dem Mansala-See.

51 Ein steifer Nordost bläht das Segel dieses schnittigen Bootes.

52–53 Blick auf den Mansala-See, das größte Binnengewässer im Delta, das dicht durchsetzt ist mit Sümpfen auf dem vor langer Zeit von den Nilarmen angeschwemmtem Alluvialboden.

53 oben
Zwischen den Landzungen und Sümpfen des Mansala-Sees liegen ergiebige Fischgründe.

53 unten
Fischer und Taucher in einem seichten Sumpfgebiet des Mansala-Sees.

54 und 55 Schiffbare Wasserwege durch die Marschen des Mansala-Sees in der südlichen Bucht nahe El-Matarija. Vom Grün des Salzwassers heben sich die vielfältigen Farbtöne der Inseln deutlich ab.

56–57 Der schmale Nilarm nahe dem Mansala-See schafft eine abwechslungsreiche Lagunenlandschaft mit leuchtenden Farben in Grün und Blau.

58–59 Die Wasserbecken zur Mineralgewinnung bei Damietta funkeln in der Sonne wie farbiges Glasmosaik.

60–61 Das verbreitetste Transportmittel der Fellachen im Delta ist nach wie vor der Esel. Im Leben der Landarbeiter hat sich nur wenig verändert. Baumwolle, Getreide und Zuckerrohr sind die wichtigsten Produkte der ägyptischen Landwirtschaft.

61 Durch Fruchtwechsel und künstliche Bewässerung konnte die landwirtschaftliche Anbaufläche bedeutend vergrößert werden. Die Landschaft bei Tanta im westlichen Delta ist berühmt für die hervorragende Qualität der Baumwolle.

62 Damietta erstreckt sich am Ostufer des östlichen Nilarms. Früher war der Hafen ein bedeutender Umschlagplatz für Handelsgüter, heute dient er nur noch der Küstenschifffahrt.

63 Das alte Rosetta entstand im 9. Jahrhundert n. Chr. an der Mündung des westlichen Nilarms. Bekannt wurde es vor allem durch den dreisprachigen »Stein von Rosetta«, den man Ende des 18. Jahrhunderts hier entdeckte und der es J.-F. Champollion ermöglichte, die ägyptische Hieroglyphenschrift zu entziffern. Die Stadt liegt 65 Kilometer östlich von Alexandria und war bis Anfang des 19. Jahrhunderts Ägyptens bedeutendster Hafen.

64–65 Felder und Obstplantagen an einem der vielen Kanäle nahe Damanhur, der alten »Stadt des Horus«, heute ein Zentrum der Landwirtschaft mit Geflügelzucht und Baumwollverarbeitung.

66–67 Muschelbänke an der Küste vor Damietta. Die lange Nehrung zwischen Damietta und Port Said trennt den Mansala-See vom Mittelmeer.

68–69 Das Wrack eines Frachters, der in den Untiefen nahe Abukir auf Grund lief. Hier besiegte Admiral Nelson die Mittelmeerflotte Napoleons in der berühmten Schlacht von 1798.

70–71 Die Abu-el-Abbas-el-Mursi-Moschee in Alexandria ist beispielhaft für die moderne islamische Architektur. Im Hintergrund das Fort des Sultans Kaitbai.

71 oben Der Bibliotheksneubau in Alexandria, das Werk einer norwegischen Architektengemeinschaft, steht östlich des Stadtzentrums. Die Fassade fällt zur Küste hin schräg ab.

71 unten Blick auf das östliche Hafenbecken von Alexandria mit Fort Kaitbai und dem Yachtclub. In der Bildmitte hinten die Landzunge Ras el-Tin und der große Westhafen.

72–73 Das Fort des Sultans Kaitbai ist eine der am besten erhaltenen Festungsanlagen der Araber. Es entstand im 15. Jahrhundert an der Stelle, wo einst der Leuchtturm von Pharos aufragte.

74–75 Die Gedenkstätte der im Zweiten Weltkrieg bei El-Alamein gefallenen deutschen Soldaten wurde nach dem Vorbild des Stauferkastells Friedrichs II. in Castel del Monte erbaut. Es steht an der von Alexandria kommenden Straße bei Kilometer 105.

75 Am Strand von Tell el-Eisa erhebt sich der hohe Turm über dem Mausoleum für die 1942 bei El-Alamein getöteten italienischen Soldaten. Die Entscheidungsschlacht über die strategische Vorherrschaft in Nordafrika gewannen die Alliierten – aber 80 000 Menschen verloren dabei ihr Leben.

76–77 Der Strand von Marsa Matruh besteht aus vielen kleinen Buchten mit Felsbänken. Westlich des Hafens liegt die Lagune, wo einst die Schiffe Königin Kleopatras zum Kampf gegen Kaiser Augustus ins Meer stachen.

77 Zwischen Alexandria und El-Alamein erstrecken sich zwischen privaten Wohngebieten die Einrichtungen für den Fremdenverkehr. Weitläufige Badeanlagen wurden in die natürliche Landschaft integriert, um den Bedürfnissen einer steigenden Zahl von Touristen zu genügen.

78 und 79
An der Mittelmeerküste zwischen El-Alamein und Sidi Abd el-Rahman gibt es noch unberührte Strände und Buchten mit türkisblauem Wasser.

Stellenweise ist der Küstenverlauf durch Sand und Klippen unterbrochen, die sanft zum Meer hin abfallen, oder durch Felsen und Geröll.

80–81 Menschenleere Strände bei Marsa Matruh sind kein ungewöhnlicher Anblick. Hier reicht der Sand bis ins Meer, dessen Wellen sanft am Ufer plätschern.

KAIRO UND DIE PYRAMIDENFELDER

Die Gleichsetzung des islamischen Ägyptens mit seiner Hauptstadt wurzelt tief im historischen Bewusstsein des Volkes, so dass das arabische Wort *Misr* nicht nur die Stadt bezeichnet, sondern das ganze Land.

Die Gründung der Stadt erfolgte 640 etwa mit dem Ende der Byzantinischen Zeit. Acht Jahre nach Mohammeds Tod bestimmte der zweite Nachfolger des Propheten, Kalif Omar, dass das Geburtsland einer der Frauen des Propheten, Miriam der Koptin, eine Provinz des Kalifenreichs werden solle. Als ein Zentrum arabischer und später türkisch-osmanischer Kultur im Tal des Nils erlebten Kairo und ganz Ägypten die politischen und religiösen Umwälzungen, welche das Kalifenreich erschütterten, bis im 19. Jahrhundert die europäischen Großmächte die weitere Entwicklung bestimmten und Ägypten als unabhängige Nation neu entstand.

Aus der Vogelschau bietet die Stadt ein unüberschaubares Bild. Die gesamte arabisch-ägyptische Geschichte, einschließlich der frühchristlichen Kultur, hat in der Architektur der Gebäude ihren Niederschlag gefunden. Die Zeugnisse der Pharaonenzeit liegen am Rand der Stadt. Es sind die Pyramiden von Giseh und südlich davon die archäologischen Grabungsstätten von Sakkara, Abu Sir und Dahschur – vorrangiges Ziel der jährlichen Touristenströme.

Wer nach Einbruch der Dunkelheit auf dem Flughafen von Kairo landet, erlebt das prickelnde Gefühl, in einen alles umgreifenden Raum einzutauchen, in dem sich das mit Sternen übersäte Firmament mit dem Lichtermeer der Stadt vereint. Die Stadt hat eine so große Ausdehnung, dass bei Nacht die äußeren Randgebiete am Horizont in den Himmel überzugehen scheinen.

Im ersten Licht der Morgendämmerung, wenn die Kuppeln der Moscheen und die alten Paläste in den gewundenen Gassen der Altstadt Kontur annehmen, erlangt die Stadt ihre Körperlichkeit zurück. Die Geschäfte, Cafés und Verkaufsstände für Süßigkeiten und Obst in den engen Straßen verschwinden beinahe in den Trauben von Menschen, die geradewegs aus einer Erzählung von Nagib Mahfus stammen könnten.

Kairo ist eine moderne Großstadt zwischen Tradition und Fortschritt, die um ihren alten, pulsierenden Kern vielleicht zu schnell gewachsen ist. Es ist die »Mutter der Städte« und die Synopsis aller Gegensätze eines Landes, das in die Zukunft schaut und gleichzeitig fest verankert ist in einer alles beherrschenden Vergangenheit, welche die Gegenwart nachhaltig prägt. Nur wenige Kilometer trennen die modernen Hotelbauten von den Armenvierteln am Stadtrand. In den von Abgasen verpesteten Straßen herrscht ein nie versiegender, ohrenbetäubender Lärm, und die Menschen auf den geborstenen Gehsteigen setzen jedes Mal ihr Leben aufs Spiel, wenn sie die Straße überqueren. Der süßliche Rauch aus der Wasserpfeife, der *shisha*, und der Bratengeruch von Kebab sättigt die Luft und vermengt sich mit anderen Düften, die meist weit weniger angenehm sind. Aber die 20 Millionen Menschen, die in Kairo leben, scheint das nicht zu stören. In diesem Chaos, in das sich in regelmäßigen Abständen die Aufrufe der Muezzin zum Gebet mischen, scheint nur Vater Nil die Ruhe zu bewahren.

Am nördlichen Ende des Tahrir-Platzes, im Zentrum Kairos, erhebt sich das große Gebäude, in dem seit 1890 das Ägyptische Museum untergebracht ist. Es beherbergt über 100 000 archäologische Funde aus der Pharaonenzeit, die in den Depots nicht mitgerechnet. Der im damals modischen klassizistischen Stil errichtete Bau wirkt inzwischen außen wie innen überholt und altmodisch.

Im Osten thront über der Stadt die mächtige Zitadelle, deren Bau Saladin 1176 am Fuß der Mokattam-Berge begonnen hatte. Seit ihrer Errichtung war die Festung das Symbol der Stadt und diente den Mamelucken- und Ottomanenpaschas als Herrschaftssitz. Am höchsten Punkt ließ Mohammed Ali die Alabastermoschee erbauen, die mit ihren Kuppeln, überwölbten Galerien und schlanken Minaretten ein prächtiges Beispiel türkisch-ottomanischer Baukunst bietet. Von hier hat man, wenn bei Sonnenuntergang die staubigen Dächer in warmem Rot erstrahlen, einen herrlichen Blick auf Kairo bis hinüber zu den Pyramiden.

Am Fuß des Hügels außerhalb der alten Stadtmauer erstreckt sich auf einer sandigen Ebene die Stadt der Toten, der Mameluckenfriedhof, dessen älteste Gräber aus dem frühen 12. Jahrhundert stammen. Die Mausoleen waren – einer Vorstellung aus pharaonischer Zeit folgend – als Häuser der Toten gedacht und bestehen aus Innenhöfen, Springbrunnen, der Wohnung für den Grabwächter und Einrichtungen für Angehörige des Verstorbenen, die zu Besuch kamen. Heute hausen hier zu Tausenden obdachlose Menschen, darunter viele, die nach dem verlorenen Sechstagekrieg 1967 aus der Kanalzone evakuiert wurden.

Weiter westlich steht auf dem felsigen Gebel Jaschkur die große Moschee des Ahmed Ibn-Tulun, der seit 869, nach dem Zerfall des Kalifenreichs in Teilstaaten unter verschiedenen Potentaten, als Statthalter des Kalifen von Bagdad über Ägypten herrschte und es für unabhängig erklärte. Mit ihm begann, dank des Aufschwungs des Handwerks und einer regen Bautätigkeit zur Erweiterung der Stadt, eine kurze Blütezeit des Landes. Ibn-Tulun brach mit den Gepflogenheiten seiner Vorgänger und verlegte den Regierungssitz der von ihm begründeten Tulunidendynastie (868–905) auf den Hügel, von dem man von Nordosten auf die alte Stadt Fustat herabblicken konnte. Es entstanden Wohnbezirke von großer Pracht, die wir nur noch aus zeitgenössischen Berichten kennen. Paläste, Gärten, Badeanlagen und Märkte schossen rund um die Moschee aus dem Boden,

82 Die leuchtenden Kuppeln der Moschee Mohammed Alis aus der ersten Hälfte des 19. Jahrhunderts im Zentrum der Zitadelle aus dem Mittelalter beherrschen das Stadtbild Kairos.

zu deren Füßen sich heute eines der vielen staubigen Stadtviertel ausbreitet.
Misr el-Fustat ist der älteste Stadtteil Kairos. Gegenüber der Südspitze der Insel Roda, beim Koptischen Museum, liegt ein kleines Areal, auf dem zurzeit die Überreste dieses Wohngebiets freigelegt werden, verstreut zwischen Ruinen aus der Römerzeit und koptischen, katholischen sowie griechisch-orthodoxen Kirchen und Friedhöfen. Der Überlieferung nach soll das Viertel genau an der Stelle errichtet worden sein, wo Amr Ibn el-As sein Zelt (arabisch *fustat*) aufstellen ließ, als er das Fort »Babylon« belagerte. Mit dem Fall der Festung begann die islamische Eroberung des Niltals. Die Amr-Moschee, die mehrmals erweitert wurde, ist das älteste noch existierende islamische Bauwerk Ägyptens. Unter den Omaijaden und Abbasiden entwickelte sich Fustat zum politischen und militärischen Zentrum Ägyptens, bis die um 969 von Nordafrika her einfallenden Fatimiden ganz in der Nähe die neue Stadt El-Qahira, die »Siegreiche« gründeten.
Aus einer Provinz des Kalifenreichs wurde ein unabhängiges Staatsgebilde. Zur Hebung ihres Prestiges und um ihren Machtanspruch zu festigen, machten die Fatimidenherrscher Kairo zur glanzvollen Hauptstadt des Landes. Als äußeres Zeichen der schiitischen Glaubensrichtung, die nur die direkten Nachkommen Fatimas, der Tochter Mohammeds, als rechtmäßige Nachfolger des Propheten anerkannte, wurde die El-Ashar-Moschee errichtet. Im 13. Jahrhundert bereicherten die Mameluckensultane die Moschee mit Arkadengängen, Innenportalen und Minaretten sowie Bibliotheken und machten aus ihr das wissenschaftliche Zentrum für Gesetz und Glauben der schiitischen Religion.
Die Wiedereinführung der sunnitischen Lehre ging von Salah el-Din (Saladin) aus, einem General kurdischer Abstammung im Dienst des letzten Fatimidenherrschers. Nach dessen Tod übernahm er die Macht und begründete 1171 die Dynastie der Aijubiden. Während seiner Regierung verschmolzen Misr und El-Qahira zu einer befestigten Stadt, Symbol einer rigorosen Militärdoktrin im Kampf des Islam gegen die Kreuzfahrer. Als Großmacht stand Ägypten im Mittelpunkt der Auseinandersetzungen zwischen den Glaubenswelten des Vorderen Orients und des Westens.
Dann kamen die Mamelucken, Militärsklaven türkischer, kurdischer oder slawischer Abstammung, die sich in der Zitadelle am Nil einrichteten und 1260 die in Syrien eingefallenen Mongolen zurückschlugen. Trotz ihrer einfachen Herkunft brachten die vormaligen Söldner Ägypten zwei Jahrhunderte kultureller Blüte. Sie machten aus Kairo eine Stadt von unvergleichlicher Schönheit, einen wahrhaftigen »Nabel der Welt«, den der arabische Geschichtsschreiber Ibn-Chaldun (1332–1404) als »eine Metropole der Welt, den Garten des Universums, Treffpunkt der Nationen, Ansammlung von Menschenmassen, bedeutendstes Zentrum des Islam, Sitz der Macht« beschrieb.
Heute gehören viele der Mameluckendenkmäler zu den prächtigsten der Stadt. Die Sultan-Hassan-Moschee am Fuß der Zitadelle ist eines der Glanzstücke arabischer Architektur. Wie viele andere alte Moscheen Kairos war sie ursprünglich eine *madrasa*, eine Koranschule. In ihrer Nachbarschaft entstanden der Ghurija-Komplex mit der Medresa-Moschee und dem gegenüberliegenden Mausoleum Sultan Ganzu el-Ghuris sowie der Khan el-Khalili, eines der größten Basarviertel des Vorderen Orients. Dieser Irrgarten aus Gassen, Marktplätzen, Geschäften und alten Karawansereien führt in seinen Anfängen bis ins 14. Jahrhundert zurück und in einen Bezirk, wo die Fatimidenherrscher begraben liegen. Hier findet man Waren und Menschentypen von unvorstellbarer Vielfalt, überlagert von einem Gewirr aus Stimmen und Farben, das durch die ortsfremden Touristen auf der Suche nach Souvenirs noch undurchschaubarer wird.
In der Osmanischen Zeit (1517–1789) veränderte sich das Stadtbild nicht wesentlich, abgesehen von Stilelementen, die man aus der türkischen Architektur übernahm. Zu Beginn des 19. Jahrhunderts endete die Abhängigkeit von Konstantinopel, als Mohammed Ali sich 1805 zum Pascha ausrufen ließ. Seinem Anspruch auf Alleinherrschaft widersetzten sich jedoch mehrere europäische Großmächte.
Unter europäischem Einfluss, insbesondere der Engländer und Franzosen, erlebte Kairo eine lebhafte Bautätigkeit. Es entstanden neue Bezirke im unverwechselbaren Kolonialstil der Zeit, welche das Gesicht der Stadt veränderten. Nachdem sie sich über die mittelalterliche Stadtmauer hinaus ausgedehnt hatte, erreichte sie bald den Nil und erfasste die Inseln Gesira, wo sich der Cairo Tower als modernes Wahrzeichen der Stadt erhebt, und Roda mit dem Manijal-Palast Mohammed Alis. In kurzer Zeit bedeckte die Stadt den gesamten Streifen am rechten Flussufer bis hinaus zum Wüstenrand. Die neuen Viertel waren gepflegte Wohngebiete mit Alleen, Gärten und eleganten Villen, die später abgerissen wurden, um Platz zu schaffen für eintönige Wohnblocks in Plattenbauweise. Viele der erhalten gebliebenen Patrizierhäuser des »europäischen« Kairos sind heruntergekommen und dem Verfall preisgegeben, aber es gibt auch noch Bereiche, die den alten Charme bewahrt haben, wie die Gartenstadt am östlichen Ufer, der Stadtteil Dokki am westlichen und das Wohngebiet Az-Zamalik mit den Sportanlagen im Südteil Gesiras. Das übrige Kairo besteht jedoch aus einer ungeordneten Ansammlung moderner Gebäudekomplexe, die bis in die gesichtslosen Vorstädte hinausgreifen.
Das unaufhaltsame Bevölkerungswachstum hat, vor allem in den vergangenen 50 Jahren, dazu geführt, dass in freien Lagen wie entlang dem alten Fustat nach Süden hin, am felsigen Osthang

des Mukattam-Gebirges und in der Heliopolis im Nordosten umgebenden Wüste ausgedehnte Arbeitersiedlungen entstanden. Die Satellitenstadt Heliopolis, auch unter Misr el-Gadida, Neu-Kairo, bekannt, wurde 1905 von dem belgischen Baron Empain errichtet.

Jünger als Heliopolis ist die Vorstadt Ma'adi, etwa zehn Kilometer südlich von Kairo gelegen, die heute zum Stadtgebiet gehört. Das nahe Helwan, einst wegen seiner sauberen Luft und alten Thermalquellen gerühmt, versinkt in den giftigen Emissionen der hier angesiedelten Schwerindustrie. An den Hängen des Arabischen Gebirges, wo man heute nur auf Hüttenwerke und Zementfabriken blickt, wurde früher der feinporige Turakalkstein gebrochen, aus dem die Grabanlagen der Pharaonen und hoher Würdenträger bestehen. Aus der Luft kann man die ins Felsplateau getriebenen, schluchtartigen Steinbrüche noch erkennen.

Obwohl man sie ihrer Steinverkleidung beraubt hat, um daraus die islamischen Bauwerke Kairos zu errichten, bieten die Pyramiden von Giseh wegen ihrer erstaunlichen Größe immer noch einen eindrucksvollen Anblick. Das Wüstenplateau von Giseh, das vom sich ausdehnenden Kairo hart bedrängt wird, wirkt aus der Luft wie ein Anhängsel der Stadt. Aber die mächtigen Pyramiden aus der Vierten Dynastie, die Symbole der Pharaonenzeit schlechthin, haben länger als die »40 Jahrhunderte« in Napoleons berühmten Ausspruch überdauert. Dank wissenschaftlicher Fortschritte verfügen wir heute über ein zuverlässiges Verfahren zur Altersbestimmung und wissen, wann die Pyramiden des Cheops, Chephren und Mykerinos errichtet wurden. Die Methode basiert auf der Rekonstruktion der astronomischen Berechnungen, mit denen die alten Ägypter die Lage des Nordpols bestimmten, an der sie ihre Monumentalbauten mehr oder weniger korrekt ausrichteten. Geringfügige Abweichungen eingerechnet, sind die Pyramiden im 25. Jahrhundert vor unserer Zeitrechnung entstanden.

Neben den Pyramiden der Pharaonen und drei weiteren kleineren für die Königinnen erstreckt sich auf diesem Plateau ein riesiger Friedhof für Mitglieder der königlichen Familien, hohe Würdenträger und Priester, die seit der Vierten Dynastie bis ins ausgehende Alte Reich das Recht hatten, im Schatten der Grabmäler beigesetzt zu werden und so für alle Ewigkeit unter deren Schutz zu stehen.

Der Blick aus der Vogelschau enthüllt die Geschlossenheit der verschiedenen Bestattungskomplexe, deren Anlage einem genau vorgeschriebenen Programm unter Berücksichtigung kultischer Gesichtspunkte folgte. In chronologischer Reihenfolge und sich verringernder Größe von Nordosten nach Südwesten ausgerichtet, sind die Pyramiden nur der Kulminationspunkt viel umfassenderer Bestattungskomplexe, von denen jeder aus drei untereinander verbundenen Bauwerken besteht, die alle der Verehrung des *ka* (Geistes) des Pharaos dienten: einem Kulttempel, einem Prozessionsweg und einem Taltempel an einem Kanalarm des Nils.

Jede künstlerische Ausdrucksform im alten Ägypten war von symbolhafter und religiöser Bedeutung, die über den ästhetischen Anspruch hinaus eine heilige Botschaft vermittelte. In der pyramidenförmigen Körperlichkeit, die gleichzeitig Königsgrab war, bedeutete die dreidimensionale Darstellung der Allmacht des Pharaos gleichzeitig die Stein gewordene Umsetzung des Ortes des »Ersten Mals«, nämlich des Urhügels, von dem das Leben seinen Ausgang nahm, oder der versteinerten Strahlen der Sonne, welche den Pharao-Horus umarmten, der nach seinem Tod zu Osiris wurde und zu den Sternen des Himmelsgewölbes aufstieg.

Am Fuß der Cheops-Pyramide wurden wenigstens fünf rechteckige Gruben gefunden, von denen zwei ein Schiff enthielten. Über deren Bedeutung ist man sich noch im Unklaren, aber die Barken gehören zu einem viel älteren Kult als die 14 Schiffe in der Königsnekropole von Abydos, die wahrscheinlich aus dem Anfang der Ersten Dynastie stammen. Eine der Barken des Cheops ist über 40 Meter lang. Man hat die Teile, in die sie zerlegt war, wieder zusammengesetzt und in einem Museumsbau an der Südseite der Pyramide ausgestellt.

Das Grab der Mutter des Cheops, Hetepheres, fand man zwischen dem Prozessionsweg und der nördlichsten der drei kleinen Pyramiden für seine Gemahlinnen und seine Tochter. Ihre Grabbeigaben, einschließlich einiger Möbel, bilden eine der kostbarsten Sammlungen des Ägyptischen Museums in Kairo.

Die große Mastaba (Grabkammer) für Cheops' genialen Architekten Hemiunu liegt zwischen anderen Gräbern im Westteil der Nekropole westlich des Pyramidenkomplexes. Hemiunu war der erste Baumeister, dem es nach Generationen fruchtlosen Bemühens gelang, eine Pyramide von vollkommenen Proportionen und unübertroffener Größe zu errichten.

Zum Begräbniskomplex des Chefren, dessen Pyramide als einzige an der Spitze noch die Kalksteinverkleidung aufweist, gehörte der majestätische Sphinx am Hang des Plateaus neben Chefrens Taltempel. Die mythische Tiergestalt ist aus einem aus dem Sand ragenden Felsen gehauen und trägt das Antlitz des Pharaos als Sonnengott, den Blick nach Osten gerichtet, wo sich täglich bei Sonnenaufgang das Ereignis der Entstehung der Welt wiederholt. Die Skulptur wurde in der Antike mehrmals restauriert und aus dem Sand freigelegt, wie die Stele Thutmosis' IV. zwischen den Pfoten bezeugt, aber die Beschädigungen durch die Türken, die sie bei Schießübungen als Zielscheibe benutzten, sind noch heute sichtbar. Der abgebrochene Bart und die Nase befinden sich jetzt im Britischen Museum.

Die lange Gebäudereihe westlich der Pyramide, die man nur aus der Luft deutlich erkennt, soll als Unterkunft für die Arbeiter gedient oder Magazine beherbergt haben. Auch die kleinste der drei Pyramiden, das Grabmal des Mykerinos, wurde im Altertum geplündert. Die Verkleidung aus rotem Granit und Kalkstein hat man schon im Mittelalter entfernt, als man die behauenen Blöcke aus hartem Gestein für andere Bauten benötigte. Im dazugehörigen Taltempel hat man Meisterwerke der Bildhauerkunst aus der Vierten Dynastie gefunden, wie die Triaden des Mykerinos mit dem König, flankiert von der Göttin Hathor und den Personifizierungen ägyptischer Gaue. Im Bereich südlich des Prozessionswegs liegen mehrere Gebäude, in denen Baumaterial bearbeitet wurde.

Beim Überfliegen des Gebiets im Nordwesten des Tempels sieht man die Ruinen des Grabmals der Königin Khentkaus, der Mutter zweier aufeinander folgender Könige der Fünften Dynastie. Statt einer Pyramide bevorzugte die Königin einen gigantischen Steinsarkophag, der sich auf einer Plattform erhebt. Daneben liegen die Reste der ausgedehnten Wohnungen derjenigen, die dafür Sorge zu tragen hatten, dass der Kult ihres Nachlebens weiterhin gepflegt wurde. Ihr Gemahl Schepseskaf, der letzte Pharao der Vierten Dynastie, liegt in einem ähnlichen Mausoleum in Sakkara begraben, Zeichen seines Wunsches, sich von seinen Vorgängern zu unterscheiden. Sein Beispiel blieb jedoch ein Einzelfall.

Auf dem Flug nach Süden entlang dem Rand der Libyschen Wüste überquert man ein Gebiet mit verstreuten Trümmern und teilweise wieder zusammengefügten Steinblöcken, die von der unvollendeten Pyramide von Sauijet el-Arijan (Zawyet el-Aryan) aus der Dritten bzw. Vierten Dynastie übrig geblieben sind. Einige Kilometer weiter südlich davon steht bei Abu Gurob der berühmte Sonnentempel des Pharaos Niussere. Diese neuartige Form des Götterheiligtums entstand während der Fünften Dynastie zum ersten Mal in Heliopolis, der dem Sonnengott Re geweihten Stadt, als dessen Söhne sich die Pharaonen betrachteten. Aus dem Sonnentempel Niusseres gewinnt man einen Eindruck vom architektonischen Konzept dieser Heiligtümer, das dem Grundschema der Pyramidenkomplexe aus Taltempel, Prozessionsweg und Verehrungstempel folgte. Neu war der große offene Hof vor dem Verehrungstempel mit dem kolossalen Obelisken als erstem Ruhepunkt der aufgehenden Sonne.

Alle Pharaonen von Heliopolis bis auf den ersten und letzten, die in Sakkara begraben liegen, ließen ihre Pyramiden im nahen Abu Sir, einen Kilometer südlich von Abu Gurob, errichten. Der Blick von oben auf diese Pyramiden ist deshalb so faszinierend, weil die aus dem Sand ragenden Ruinen der einst prachtvollen Altertümer von absoluter Stille umgeben sind und kein Mensch ihre majestätische Ruhe stört, anders als beispielsweise in Giseh.

Ein paar Kilometer weiter im Süden, hinter ausgedehnten Sanddünen, liegt die größte Totenstadt des alten Ägyptens, Sakkara. Über 3000 Jahre lang wurde hier ununterbrochen gebaut, um Grabstätten für Könige, Adelige, Würdenträger und Priester sowie Tempel und Katakomben für heilige Tiere zu schaffen. Sakkara bietet reiches Anschauungsmaterial über die Entwicklung der sakralen Baukunst von der Ersten Dynastie bis zur Römischen Periode.

Die Königsgräber stammen fast ausnahmslos aus dem Alten Reich, als das nahe gelegene Memphis Sitz der politischen Macht und Verwaltung Ägyptens war. Die Herrscher der vorangegangenen Epoche, die in Tanis residierten und in Abydos bestattet sind, hinterließen hier nur Kenotaphe (Scheingräber), die man aus der Luft am Nordostrand des Plateaus deutlich erkennt, neben den Mastabas aus ungebrannten Lehmziegeln für Mitglieder der Königsfamilie und Höflinge.

Ganz in der Nähe liegen im Westen die großen unterirdischen Grabanlagen der heiligen Tiere. Aus der Luft sieht man nur die freigelegten Eingänge und die Ruinen der Kapellen davor. Als Manifestationen göttlichen Wesens gehörten Tiere zum Verehrungskult und erhielten Grabstätten für ihre ewige Ruhe. Millionen Falken, Kühe, Ibisse und Paviane liegen im östlichsten Bereich nahe dem Grabmal Nektanebos' II., des letzten Pharaos ägyptischen Blutes, und dem Tempel der Isis, der Mutter des Apis, begraben. Wenn man in die Wüste hinausfliegt, überquert man eine Ansammlung von Mastabas aus dem Alten Reich, bevor man die beeindruckenden unterirdischen Grüfte des Serapeums erreicht. Diese Apis, dem heiligen Stier des Gottes Ptah, geweihte Grabanlage enthält die monumentalen Sarkophage einer größeren Anzahl einbalsamierter Stiere seit der Herrschaft Amenophis' III. bis in die Römische Periode.

Die Nekropole im nördlichen Bereich Sakkaras gruppiert sich um den ältesten Pyramidenkomplex Ägyptens. Hier ließ Pharao Djoser aus der Dritten Dynastie ein gigantisches Grab erbauen, dessen ästhetisches und ideologisches Konzept einen entschiedenen Bruch mit der Vergangenheit darstellt. Die Stufenpyramide ist der erste Schritt hin zu einer »himmlischen« Vorstellung vom Nachleben des Pharaos unter den Ewigen Sternen und zugleich die erste in Stein ausgeführte Versinnbildlichung der göttlichen Erhabenheit des Herrschers. Im Mittelpunkt der Grundidee des Bauwerks stand die Idee vom ewigen Haus des Herrschers der Zwei Länder als Symbol seiner irdischen Macht und seiner doppelten Identität als menschliches und göttliches Wesen. An der Ost- und Südseite der Pyramide standen Gebäude für die Feierlichkeiten zum Sed-Fest, mit denen der König seine physische Kraft und seine Herrschaft über ganz Ägypten zelebrierte. Die Anlage war von einer hohen Mauer umgeben, deren Nischen und Pilaster an einen Königspalast erinnern. Tatsächlich handelt es sich um die in Stein ausgeführte Replik des eigentlichen Palastes samt Nebengebäuden aus Holz, Schilfrohr und ungebrannten Ziegeln.

Südöstlich davon, außerhalb der Mauer, erkennt man die Ruinen

eines ähnlichen, jedoch unvollendeten Pyramidenkomplexes. Er war für Djosers Nachfolger Sechemchet vorgesehen, dessen leerer Sarkophag hier gefunden wurde.
Unmittelbar südlich von Djosers Stufenpyramide ragt als großer Schutthügel die Pyramide des Unas empor, des letzten Königs der Fünften Dynastie. Der Prozessionsweg aus weißem Kalkstein ist teilweise erhalten geblieben. Bemerkenswert an diesem Bauwerk sind die frühesten bekannten Inschriften der Totenliteratur an den Wänden der Innenräume, religiöse Texte über das Leben nach dem Tod.
Im Nordosten der Stufenpyramide Djosers schließen sich die Pyramiden der Gründer der Fünften und Sechsten Dynastie an: Userkafs und Tetis. Die herrlich ausgeschmückten Mastabas ihrer hohen Würdenträger liegen, der Tradition folgend, ganz in der Nähe.
Die privaten Nekropolen des Neuen Reichs konzentrierten sich auf zwei Bezirke. Der südöstlich der Teti-Pyramide gelegene besteht aus unterirdischen Kammern in einem Felshügel, auf dem in der Spätzeit das Bubasteion zu Ehren der Katzengöttin Bastet errichtet wurde. Die Gräber sind zum großen Teil in der zweiten Hälfte der Achtzehnten Dynastie sowie unter den Ramessiden entstanden. Bei ihrer Freilegung fand man darin der Göttin geweihte mumifizierte Katzen. Viele bedeutende Persönlichkeiten wurden hier bestattet, unter ihnen Apel-El, der Wesir Amenophis' III., der zu Beginn der Amarna-Zeit lebte und dessen Grabbeigaben nahezu unberührt waren. Maja, die Amme Tutanchamuns, lag nur wenige Meter daneben.
Auch im zweiten Bezirk, südlich des Aufwegs zur Unas-Pyramide, hat man die Ruhestätten bedeutender Personen gefunden. Hierbei handelt es sich nicht um Felsengrüfte, sondern um Gräber mit einer Kapelle, der eine Pyramidenspitze aufgesetzt ist. Beispiele dafür sind die Gräber von Tutanchamuns Schatzkämmerer, der ebenfalls Maja hieß, und des Generals Haremhab, der, bevor er Pharao wurde, hier ein Grab anlegen ließ. Sein Königsgrab befindet sich im Tal der Könige.
Im Südsektor Sakkaras stößt man auf mehrere Gräberkomplexe, darunter die Phiops' I., Mereneres und Phiops' II. (Sechste Dynastie). Alle sind in den Grabkammern mit Totentexten ausgestattet. Interessant ist, dass solche Texte auch in den Pyramiden der Gemahlinnen Phiops' II. vorkommen, die neben dem König bestattet wurden. Man schließt daraus, dass das einstige Vorrecht des Pharaos nun auf Familienangehörige ausgedehnt wurde, ein Privileg, in dessen Genuss später auch Privatpersonen kamen.
Im besiedelten Gebiet am Fuß der Hochebene gegenüber von Sakkara stand das alte Memphis, das, laut Herodot, von Menes gegründet worden war, dem ersten geschichtlichen Herrscher des dynastischen Ägyptens. Wo sich heute nur Schuttberge auftürmen, stand einst die glanzvolle Hauptstadt der Zwei Länder. Der Niedergang setzte gegen Ende des 1. Jahrtausends n. Chr. ein, nach der Eroberung Ägyptens durch Alexander den Großen. Von den Denkmälern und den vielen Tempeln ist so gut wie nichts erhalten geblieben. Nur vereinzelte Statuen stehen noch zwischen Feldern und Palmenhainen. Der große Tempel des Stadtgottes Ptah, eines der bedeutendsten religiösen Zentren Ägyptens, liegt in Trümmern, über die sich teilweise das Dorf Mit Rahina ausgebreitet hat. Bei den Ägyptern hieß der heilige Bezirk Hikuptah, das von den Griechen in Aigyptos abgewandelt wurde, von dem wiederum Ägypten abgeleitet ist.
Nach den politischen Unruhen, die das Land in der Ersten Zwischenperiode erschütterten, verlegten die Könige der Elften Dynastie die Hauptstadt nach Theben und begründeten damit das Mittlere Reich. Thebens politische Bedeutung war jedoch nur von kurzer Dauer, denn Amenemhet I., den Gründer der Zwölften Dynastie, zog es wieder nach Norden, wo er eine neue Residenz errichten ließ, deren Standort man in der Nähe der Totenstadt Lischt, südlich von Dahschur, vermutet. Lischt besteht heute aus von Sand umgebenen verstreuten Ruinen, die von den Pyramiden Amenemhets' I. und seines Sohnes Sesostris' I. übrig geblieben sind.
Dahschur hingegen ist ein anschauliches Lehrstück in Architekturgeschichte. Neben den »klassischen« Pyramiden aus der Zwölften und Dreizehnten Dynastie sind hier insbesondere zwei wegen ihrer Form und historischen Bedeutung bemerkenswert, nämlich die beiden Grabmäler, die Snofru (Vierte Dynastie), Vater des Cheops, aufrichten ließ. Snofru verfolgte damit die Absicht, von der Stufenform, die Djoser gewählt hatte, abzurücken und mit Hilfe ungebrochener Seitenflächen zu klaren geometrischen Umrissen zu gelangen.
Als erste der beiden entstand die im Süden gelegene so genannte Knickpyramide, bei der man auf halber Höhe den Neigungswinkel änderte, so dass die Spitze flacher wurde. Wissenschaftler vermuten, dass statische Probleme zu dieser Baumaßnahme gezwungen haben. Jedenfalls schien dem Pharao diese Lösung nicht gefallen zu haben, denn beim zweiten Anlauf, der Roten Pyramide, entschied man sich von Anfang an für eine Abflachung der Spitze.
In Meidum südlich von Lischt ließ Snofru die wohl von seinem Vorgänger Huni, dem letzten König der Dritten Dynastie, begonnene »falsche Pyramide« vollenden. Sie entstand in drei Bauabschnitten, wobei man den um einen Felsen angelegten abgestuften Kern aus Kalkstein um eine etwa fünf Meter dicke Schicht erweiterte und mit einem glatten Mantel verkleidete. Dieser ist schon in alter Zeit abgerutscht, so dass das Bauwerk in einem Kranz aus Schutt steht. Als Bauherr mag sich Snofru keine herausragenden Verdienste erworben haben, aber seine Versuche wiesen den Weg zum Meisterwerk des Cheops bei Giseh, der von seinem Vater nicht nur ein Königreich übernahm, sondern auch das Handwerkszeug für eines der Sieben Weltwunder der Antike.

88–89 Die Insel Gesira liegt wie eine grüne Oase im Herzen Kairos. Im Norden (links im Bild) der Wohnbezirk Az-Zamalik, südlich davon der Sporting Club, verschiedene Museen und der 187 Meter hohe Cairo Tower.

91 oben Am Tahrir-Platz sind das Ägyptische Museum und einige der größten Hotels der Stadt.

91 Mitte Der eindrucksvolle klassizistische Bau des Ägyptischen Museums wurde Ende des 19. Jahrhunderts von dem französischen Architekten Dourgnon errichtet.

90 Die Brücke des 6. Oktober an der Rückseite des Ägyptischen Museums (links unten) führt hinüber zur Insel Gesira und verbindet das Ostufer des Nils mit dem Westufer.

91 unten Die Amerikanische Universität in Kairo ist eines der bedeutendsten Kulturzentren der Stadt mit einer Bücherei und einer gut sortierten Buchhandlung.

92 oben Inmitten einer Gartenanlage im Norden der Insel Roda ließ Mohammed Ali Pascha den Manijal-Palast errichten.

92 unten Der alte Nilometer Kairos an der Südspitze der Insel Roda. Er wurde um 715 vom Kalifen Suleiman zur Messung des Nilpegels und als Hilfsmittel zur Schätzung der voraussichtlichen Ernteerträge errichtet.

92–93 Die Südspitze der Insel Roda mit dem Nilometer (erkenntlich am spitzen Turm) und dem Manisterli-Palast, einem eklektizistischen Gebäudekomplex aus dem Anfang des 20. Jahrhunderts.

94–95 Die El-Ashar-Moschee wurde 972 vollendet und ist das bedeutendste Baudenkmal aus der Fatimidenzeit. Die ehemalige Koranschule ist eine der ältesten Universitäten der Welt.

95 Mit dem Bau der El-Hakim-Moschee wurde 990 begonnen. Nach ihrer Fertigstellung 1012 diente sie unter anderem den Kreuzrittern als Gefängnis, Sultan Saladin als Stallgebäude und Napoleon als Lagerhaus.

96 Die El-Hassan-Moschee mit dem offenen Innenhof (oben im Bild) am Fuß der Zitadelle wurde 1356–1363 für den Mamelucken-sultan Hassan el-Nasi errichtet. Daneben steht die Er-Rifai-Moschee für den Khediven Ismail aus dem Jahr 1912.

96–97 Die Zitadelle auf einem Vorsprung der Mokattam-Berge beherrscht den Ostteil der Stadt. Im 12. Jahrhundert unter Sultan Saladin erbaut, diente sie den ägyptischen Herrschern 700 Jahre lang als Residenz. Bildmitte: die Mohammed-Ali-Moschee.

98 und 98–99 Das ausgedehnte Areal der Totenstadt. Die einstige Ruhestätte der Kalifen und Mamelucken wird heute von den Ärmsten der Armen als Wohnstätte benutzt.

100 Vor dem Mena House Oberoi Hotel in Giseh: das Pyramidenfeld und die Begräbnisanlagen des Alten Reichs erheben sich wie eine Fata Morgana über dem Wüstensand.

101 Unmittelbar am Stadtrand erinnern die Pyramiden als majestätische Symbole der Pharaonenzeit an die große und glanzvolle Geschichte des alten Ägyptens.

102 oben und 103 Reste der Abdeckplatten aus Kalkstein aus den nahe gelegenen Steinbrüchen an der Spitze der Chephren-Pyramide lassen die klare Linienführung der einstigen Konturen erkennen.

102 unten Der Schatten der Chephren-Pyramide am frühen Morgen. Sie ist kleiner als die des Cheops, wirkt aber größer, weil sie auf höherem Grund errichtet wurde.

104–105 Das Plateau von Giseh mit den Pyramiden des Mykerinos, Chephren und Cheops (von links nach rechts).

106–107 Der Körper des Großen Sphinx wurde aus einem Felsen gemeißelt, der aus dem Sand herausragte. Bei Schießübungen türkischer Soldaten sind Nase und Bart abgebrochen.

107 oben Der Sphinx wurde kürzlich restauriert, um die weitere Erosion des Gesteins zu verhindern. Luftverschmutzung ist eine große Gefahr für antike Denkmäler.

107 unten Der Sphinxtempel vor den Pfoten des Fabeltiers und Chephrens Taltempel mit Überresten des Aufweges zum Kulttempel und der Pyramide.

108 oben Grabanlagen für Herrscher aus der Fünften Dynastie in Abu Sir zwischen Giseh und Sakkara. Niusseres Pyramide im Vordergrund lag in der Nähe eines Sonnentempels.

108 unten Nur noch spärliche Reste sind vom alten Memphis übrig geblieben, der Hauptstadt Ägyptens im Alten Reich. Der Sphinx aus Alabaster stand vermutlich am Eingang zum Tempel Ptahs.

108–109 Djosers Stufenpyramide in Sakkara wurde von dem berühmten Baumeister Imhotep entworfen. Sie war der erste Steinbau in Pyramidenform.

110 Die Rote Pyramide Snofrus in Dahschur. Das vom Begründer der Vierten Dynastie errichtete Bauwerk war mit Platten aus rötlichem Kalkstein ummantelt.

111 oben Die beiden Pyramiden Snofrus in Dahschur zeigen verschiedene Bauformen. Vorn die leicht abgeflachte Rote Pyramide, im Hintergrund die so genannte Knickpyramide.

111 unten Die Totenstadt von Dahschur am Rand der Wüste. Rechts die Reste der Ziegelpyramide Amenemhets III., des letzten Herrschers der Zwölften Dynastie.

112 Die ursprüngliche Abdeckung aus Turakalkstein auf der Knickpyramide in Dahschur ist größtenteils erhalten. Hier kann man erkennen, wie die Blöcke aneinander gefügt wurden.

113 oben Die Spitze der Knickpyramide Snofrus. Um dem Bauwerk größere Stabilität zu geben, wurde für den oberen Teil ein flacherer Neigungswinkel gewählt.

113 unten Die Knickpyramide in Dahschur und links davon die Reste der Nachbarpyramide. Der Grabtempel ganz im Vordergrund ist ein kleiner Bau mit einem Opfertisch.

114 Die Pyramide von Meidum entstand in der Ersten Zwischenperiode zwischen der Dritten und Vierten Dynastie. Es war der erste Versuch, glatte Flächen zu erzeugen, indem man die Stufenreihen mit Platten verkleidete. Heute wirkt das Bauwerk wie ein konischer Turm auf einem Hügel aus Geröll. Es stammt von der Kalksteinverkleidung, die im Neuen Reich abrutschte.

115 Die Pyramide Sesostris' II. bei El-Lahun hat einen etwa zwölf Meter hohen Felskern, der an manchen Stellen zu Tage tritt. Um diesen wurde ein sternförmiges Gerippe mit diagonalen Verstrebungen aus Kalkstein errichtet, dessen Lücken man mit Lehmziegeln ausfüllte. Nordöstlich davon liegen die Reste der Siedlung für die Arbeiter.

116–117 Im 4. Jahrhundert n. Chr. entstand am Rand der Östlichen Wüste, im Wadi Araba, der älteste koptische Sakralbau Ägyptens, das Antoniuskloster.

117 oben Das Wadi Araba liegt zwischen dem südlichen (links) und nördlichen Galala-Plateau in einer Felsenlandschaft, die sich bis zum Golf von Suez erstreckt.

117 unten Das Pauluskloster steht im Tal des Wadi Deir, von dem aus man bis zum Mosesberg (Gebel Musa) auf den Sinai schauen kann. Seine mächtige Umfassungsmauer sollte die Mönche vor Räubern schützen.

118–119 Die Mündung des Suezkanals bei Bur Taufig, gegenüber von Suez. Die Wasserstraße wurde 1869 eröffnet und verbindet das Rote Meer mit dem Mittelmeer.

119 oben Schon die Pharaonen der Sechsundzwanzigsten Dynastie bedienten sich der Bitterseen, um vom Roten Meer ins Mittelmeer zu gelangen.

119 unten Der 163 Kilometer lange Suezkanal kann zwar täglich 75 Schiffe aufnehmen, aber für den gleichzeitigen Gegenverkehr ist er zu eng.

LUXOR UND DIE TEMPEL DES SÜDENS

Luxor ist eine interessante Stadt auf der rechten Nilseite am Fuß des thebanischen Gebirges. Für Ägypten-Touristen führt kein Weg an dieser Stadt vorbei, deren Denkmäler einst die prächtigste Hauptstadt Ägyptens in seiner glanzvollsten Epoche bildeten: Theben.

Im modernen Luxor begegnet man auf Schritt und Tritt den Veränderungen als Folge des ständig zunehmenden Fremdenverkehrs. Die alten weiß gestrichenen Häuser hinter Hibiskussträuchern und Tamarinden werden von modernen Gebäuden fast erdrückt. Große Hotels haben viele der romantischen Grand Hotels aus dem Beginn des 20. Jahrhunderts ersetzt – nur das Winter Palace Hotel und eine herrschaftliche Villa hier und da erinnern noch daran, wie sich Luxor früher darbot. Heute herrscht hier eine völlig andere Atmosphäre. Am Flussufer wimmelt es von Ausflugsschiffen, die pausenlos zwischen Luxor und Assuan verkehren, und Scharen von Andenkenhändlern umringen jeden, der auch nur entfernt nach einem Touristen aussieht. Cafés und kleine Restaurants liegen eingepfercht zwischen malerischen Basars und Läden mit einem reichen Angebot exotischer Souvenirs für den westlichen Geschmack.

Selbst die quirlige Urlaubsstimmung in den Straßen des Stadtzentrums vermag den Eindruck nicht zu verwischen, dass Luxor für ein System von »Kauf-oder-lauf-Tourismus« angelegt wurde. Trotzdem gibt es keinen anderen Ort im Niltal, wo Mythos und Geschichte so innig mit der natürlichen Landschaft verschmelzen und eine Kulisse von dramatischer Schönheit schaffen.

Außerhalb der Wohnbezirke breiten sich an den Flussufern die Ruinen des antiken Thebens aus. Sie liegen zwischen Feldern und Dattelpalmenhainen, die einen von Wüstensand umgeben, die anderen eingebettet in die felsigen Ausläufer der Libyschen Gebirgskette. An beiden Nilufern einander gegenüberliegend, bilden die Stadt der Lebenden und die Stadt der Toten zwei sich ergänzende und voneinander abhängige Welten, den östlichen und westlichen Horizont von Licht und Finsternis, wo die Immanenz des ständig Existierenden und seine Vergänglichkeit zusammenfließen und in den ewigen Monumenten greifbare Gestalt annehmen.

Schon Homer kannte die außergewöhnlichen Schätze des »Thebens der hundert Tore« und beschrieb sie in der Ilias. Die großartigste Stadt des antiken Ägyptens, von den Ägyptern Waset, »die Mächtige« genannt, erhob sich am Ostufer zwischen den Tempelbezirken von Luxor und Karnak. Hier lag der Urhügel aus Alluvialschlamm, auf dem das Leben entsprang. Es war das Land des Gottes Amun, dessen Name »der Verborgene« die Mysterien seiner Herkunft in sich birgt. Er war der »Stier seiner Mutter«, also sein eigener Erzeuger, und konnte die Gestalt von Mensch oder Tier annehmen, etwa die eines Widders oder einer weißen Gans, wenn er aus dem Ei schlüpfte, das er selbst geschaffen hatte.

Waset war seit der Sechsten Dynastie Verwaltungssitz der Provinz Oberägypten und wurde in der Elften Dynastie zum ersten Mal Hauptstadt des vereinten Landes. Auslöser dieser Entwicklung war der Zerfall des Alten Reichs in zwei Herrschaftsgebiete und mehrere Fürstentümer. Während im alten Memphis eine aus Herakleopolis stammende Dynastie regierte, etablierte sich in Theben König Mentuhotep II. Nebhepetre, der das abgefallene Nubien unterwarf, seine Rivalen im Norden ihrer Ämter enthob und die Vereinigung der Zwei Länder unter einer gemeinsamen Krone erzwang.

Sein Totentempel am Fuß der Felswand in der Talmulde von Deir el-Bahari am Westufer ist ein eindrucksvolles Beispiel für die Wiedereinführung der Tempelarchitektur des Alten Reichs. Das terrassenförmig angelegte Bauwerk vereinigt Verehrungstempel und Taltempel mit offenen Höfen, Säulengängen und Pfeilerhallen und nimmt die gestreckte Form der Königsgräber des Neuen Reichs vorweg, die in den Fels gehauen wurden und an deren Ende die Grabkammer mit dem Sarkophag liegt.

Als die Herrscher der Zwölften Dynastie die Königsresidenz nach Lischt verlegten, blieb Theben religiöse Hauptstadt des Landes, zu der es mit der Errichtung des Amun-Tempels in Karnak aufgestiegen war, dessen Anfänge in die Regierungszeit Sesostris' I. zurückreichen. Aber erst nachdem sich zu Beginn des Neuen Reichs, nach 100 Jahren Besetzung des Landes durch die Hyksos, auch die politische Macht wiederum in Theben konzentrierte, setzte die Entwicklung des monumentalen Thebens ein. Es waren thebanische Herrscher, welche das Königreich von den Eindringlingen befreiten und wieder vereinigten, die Achtzehnte Dynastie begründeten und die Voraussetzungen schufen, dass Ägypten zu einem Weltreich emporstieg.

In diese Zeit fallen die großen militärischen Eroberungen in Asien und Nubien, gefolgt von einem regen Austausch von Gütern und kulturellen Errungenschaften zwischen Ägypten und den Ländern am Mittelmeer und im Innern Afrikas. Aus allen Teilen des Reichs flossen Tribute nach Theben und ermöglichten die Ausführung ehrgeiziger Baupläne, deren prominenteste Beispiele die Tempel von Luxor und Karnak am Ostufer und die Totentempel in Theben West sind.

Karnak, nur wenige Kilometer nordöstlich von Luxor gelegen, ist keine Tempelanlage im eigentlichen Sinn innerhalb einer Umfassungsmauer, sondern ein Komplex aus mehreren Heiligtümern, der sich im Lauf der Jahrhunderte immer weiter ausdehnte. Die Bauarbeiten wurden nicht abgeschlossen, weil jeder Herrscher seit dem Mittleren Reich bis in die Römische Zeit einen Pylon, einen Hof, eine Kolossalstatue, einen Obelisken, eine Stele und so weiter hinzufügen ließ. Nur aus der Luft hat man einen Überblick über die architektonische Gestaltung des riesigen Areals. Dieser Komplex war der thebanischen Triade geweiht: Amun (oft mit Re gleichgesetzt), seiner Gemahlin Mut und dem gemeinsamen Sohn Chons.

120 Unter den ersten Strahlen der Morgensonne leuchten die monumentalen Pylonen des Kulttempels Ramses' III. in Medinet Habu am Westufer des Nils bei Luxor.

Nördlich der Umfassungsmauer liegen die Ruinen des Tempels des Mont, des Kriegs- und Ortsgottes von Theben, und der Maat, Göttin der Gerechtigkeit und kosmischen Ordnung. Nach Süden führt ein von widderköpfigen Sphingen gesäumter Prozessionsweg zum Tempel der Mut. Innerhalb der Einfriedung des Amun-Re-Tempels bilden diverse Höfe, Säulenhallen und Vorsäle den Eingang zum eigentlichen Heiligtum, wo die heilige Barke des Gottes stand.

Mit der unübersehbaren Hervorhebung Amuns im gesamten Tempelbezirk von Karnak beschwor man nicht nur die schöpferischen Kräfte des »Vaters aller Dinge«, sondern vor allem dessen Funktion als Schutzgottheit des Pharaos. Das Haus des »Königs der Götter« wurde somit in den Rang einer Propagandazentrale der irdischen und göttlichen Macht des Pharaos erhoben, und jede Inschrift, jedes Bildwerk kündet von der Größe Amuns als Bewahrer königlichen Herrschaftsanspruchs.

Um dieser religiös-politischen Maxime zusätzliches Gewicht zu verleihen, wurden regelmäßig heilige Feste unter Beteiligung des Volkes abgehalten. Die spektakulärste Veranstaltung dieser Art war das Opet-Fest. Jährlich im zweiten Monat der Nilschwemme (*Opet*) holte man die Symbole der thebanischen Triade aus den Schreinen und brachte sie mit ihren heiligen Barken auf einer feierlichen Prozession zum Tempel von Luxor. Dort, im Allerheiligsten und den Augen der Öffentlichkeit verborgen, vollzog sich die mystische Vereinigung des Königs mit seinem Vater Amun, wobei der Pharao sich in einem Ritual zum Abbild des Gottes wandelte und so die Rechtmäßigkeit seiner Thronbesteigung und Machtausübung bestätigte.

Die Ausschmückung des Tempels illustriert die verschiedenen Stadien des Opet-Festes. In poetischer Sprache wird im Allerheiligsten des Tempels die göttliche Geburt des Pharaos zelebriert, und die Reliefs an den Wänden der überdachten Säulengänge an beiden Seiten des Großen Hofs stellen bewegte Szenen aus der Nilprozession dar.

Amun und Theben bilden ebenso eine Einheit wie die Tempel von Luxor und Karnak als Austragungsort der feierlichen Zurschaustellung königlicher Macht. Logischerweise konzentrierten sich politischer Einfluss und ökonomische Privilegien in den Händen der mächtigen thebanischen Priesterschaft, deren Treue zum Thron mit materiellen und finanziellen Vergünstigungen belohnt wurde.

Dieser Umstand war sicherlich einer der Gründe, warum Amenophis IV.-Echnaton sich der Macht der Priesterschaft von Theben zu entziehen versuchte, indem er in Tell el-Amarna eine neue Hauptstadt gründete. Obwohl diese Epoche nur kurzlebig war, charakterisiert sie doch eine revolutionäre Abwendung von den traditionellen Göttern, gerade und ganz eindeutig von Amun, dessen Abbilder in den Tempeln ganz Ägyptens getilgt wurden. Ein Jahrzehnt lang herrschte als oberste Gottheit Aton, die Sonnenscheibe und sichtbare Manifestation Res, als dessen irdische Inkarnation der Pharao auftrat.

Das politische Gleichgewicht im Land veränderte sich erneut, als Tutanchamun der Religion seiner Vorväter wieder Geltung verschaffte, und obwohl die Herrscher es von dieser Zeit an vorzogen, im Norden zu regieren – erst in Memphis, dann in Pi-Ramesses –, behielten Theben und seine Gottheit den Status als institutionelle Garanten machtpolitischer Kontinuität bis ans Ende des Neuen Reichs.

In der unermesslich weiten Totenstadt Thebens am Westufer des Nils teilt Amun das Zepter mit Osiris, der Gottheit in Mumiengestalt aus dem Totenreich. Über die in der Hitze flirrenden Bergkämme ragt die pyramidenförmige Spitze des heiligen Bergs El-Qurn hinaus und beherrscht die Nekropole. Nördlich davon erstreckt sich das Tal der Könige und einer seiner Ausläufer, das stille Westtal mit den Gräbern Amenophis' III. und Ejes, des Nachfolgers Tutanchamuns. Fünf Jahrhunderte lang, von der Achtzehnten bis zu Zwanzigsten Dynastie, wurden die Pharaonen in solchen »Häusern der Wahrheit« bestattet, deren Eingänge hinter Steinblöcken verborgen lagen. Man tat dies zum Schutz vor Räubern, welche die Pyramiden des Alten und Mittleren Reichs geplündert hatten, und vollzog eine Trennung zwischen Verehrungstempel und Grabstätte, indem man diese in einen Stollen im Berg verlegte. Es entstanden nun zwar keine so monumentalen Bauwerke mehr wie früher, aber dieser Nachteil wurde mehr als wettgemacht durch die Pracht der Innenausstattung und Ausschmückung. Die tief in den Fels vorgetriebenen Korridore verbanden mehrere hintereinander liegende Räume, deren Wände mit Inschriften und Szenen aus dem Nachleben dekoriert waren, entsprechend der Abfolge der rituellen Zeremonie, die den Herrscher auf seiner Reise über das Grab hinaus begleitete. Der hinterste Raum, die Grabkammer mit dem Sarkophag, bildete die letzte Station auf diesem Weg. Hier war der Ort der Wiedergeburt, hier vereinigte sich der Sonnengott Re mit dem König in Gestalt des Osiris am Ende der nächtlichen Reise durch die Unterwelt.

Alle Vorkehrungen zum Schutz der Gräber waren jedoch vergeblich. Schon als die Römer in die antiken Grabstätten eindrangen und ihre Namen in die Wände ritzten, waren sie ausgeraubt. Von den 62 unterirdischen Felsengräbern, die bisher gefunden wurden, war nur eines unversehrt: das des Kind-Königs Tutanchamun. Seine Geburt und sein Tod sind geheimnisumwittert, aber sein Gesicht als goldene Totenmaske hat die Jahrtausende bis auf den heutigen Tag überdauert. Die Maske und andere kostbare Funde aus seinem Grab sind im Ägyptischen Museum in Kairo ausgestellt.

Kleiner als die Königsgräber, aber nicht minder prachtvoll ausgestattet waren die Gräber der Königinnen, Prinzen und Prinzessinnen im Tal der Königinnen südwestlich des heiligen Berges. Viele dieser Anlagen sind unvollendet oder zerstört, aber in den erhalten gebliebenen sieht man noch die in leuchtenden Farben ausgeführten Darstellungen mit stilisierten Figuren, göttlichen und königlichen Attributen, Gewändern und Accessoires. Zwischen den Szenen zitieren ausführliche Inschriften das Totenbuch, eine Sammlung von Zauberformeln und Beschwörungen, die dem Verstorbenen helfen sollten, die Gefahren des Nachlebens zu überwinden. Dieser Kanon zieht sich durch das komplexe Dekorationsschema im Grab der Nefertari, der bevorzugten Hauptfrau Ramses' II. Erst kürzlich hat man die herrlichen Malereien restauriert, so dass sich das Grabmal nun als ein wahres Juwel aus der Ramessidenzeit präsentiert.

Ruinen von Begräbnistempeln für den posthumen Verehrungskult des Königs stehen an den Südhängen des thebanischen Gebirges, wo die Libysche Bergkette in fruchtbares Ackerland übergeht. Zwar regierte am Westufer der Totengott Osiris, aber die enge Zusammengehörigkeit von Amun und Pharao ist in diesen Tempeln unübersehbar. Das waren die »Häuser der Millionen Jahre«, in Form von Tempeln errichtet und Amun geweiht, der sich im jeweiligen Herrscher verkörperte und diesem die Verehrung nach dem Tod zuteil werden ließ. Von den Tempelanlagen aus der Achtundzwanzigsten Dynastie, die in Trümmern liegen, ist nur der Komplex der Königin Hatschepsut erhalten geblieben und bietet ein hervorragendes Beispiel für sakrale Architektur als Ausdrucksmittel politischen Willens. Der Tempel steht neben dem für Mentuhotep II. Nebhepetre, der 500 Jahre früher errichtet wurde. Die weitläufige Anlage aus Höfen und Terrassen diente dem Zweck, der göttlichen Legitimation der Krone Gestalt zu verleihen. Damit hatte der berühmte Baumeister Serenmut ein prachtvolles und in seiner Art einzigartiges Bauwerk für den Herrn der Zwei Länder in Person der Hatschepsut geschaffen, das nicht nur von den wichtigsten Ereignissen während der Regierungszeit der Königin berichtet, sondern auch ihren göttlichen Rang hervorhebt. Als Tochter Thutmosis' I. und Witwe Thutmosis' II. usurpierte sie den Thron ihres Stiefsohns, der nach ihrem Tod als Thutmosis III. regierte. Um diesen Griff nach der Macht zu rechtfertigen, berief sie sich auf ihre beiden Väter: Amun, den göttlichen, der dargestellt wird, wie er der Königin – Hatschepsuts Mutter – den heiligen Samen spendet, aus dem Hatschepsut selbst hervorgehen sollte, und ihren natürlichen Vater Thutmosis I., der sie dem Volk als legitime Thronerbin vorstellt.

Kunst im Dienst der Propaganda hat im alten Ägypten großartige Monumente hervorgebracht, deren Leitidee in den besser erhaltenen Tempeln der Neunzehnten und Zwanzigsten Dynastie sichtbar wird, zum Beispiel im Tempel Sethos' I., Ramses' II. (Ramesseum) und dem zu Ehren Ramses' III. errichteten in Medinet Habu südlich von Theben.

Die gesamte Anlage ist von einer hohen Lehmziegelmauer umgeben, und um den eigentlichen Tempelkomplex herum verteilen sich die Nutzgebäude wie Werkstätten von Handwerkern, Kanzleien von Verwaltungsbeamten und sogar ein kleiner Palastbau als Wohnung des Pharaos bei feierlichen Anlässen. Ein wichtiges Ereignis war das Fest des Wüstentals, zu dem die Statuen der thebanischen Triade über den Nil gerudert und auf der Prozession zu den »Häusern des Amun«, den Verehrungstempeln am Westufer, mitgeführt wurden.

In Medinet Habu steht der beeindruckende Haupttempel Ramses' III., zu dem ein Amun geweihter Tempel in der Außenmauer aus der Elften Dynastie gehört, den Hatschepsut und Thutmosis III. erneuern und erweitern ließen. Architektur und Ausschmückung des Ramses-Tempels folgen weitgehend dem Vorbild des Ramesseums, was insbesondere in der Reichhaltigkeit der Szenen zum Ausdruck kommt, welche die militärischen Siege des Pharaos feiern. Das Neuartige an diesem Komplex zeigt sich in der Bauweise des Südportals, das als Triumphbogen zwischen einer Reihe zinnenbewehrter Türme steht. Sie sind einem syrischen *migdol* nachempfunden, einer befestigten Zitadelle, die auf den Belagerungsszenen im Tempelinnern zu sehen ist.

Hinter den Kulttempeln liegen zwischen den felsigen Ausläufern der Wüste die Gräber hoher Funktionäre und Würdenträger, die seit Ende des Alten Reichs und der hellenistisch-römischen Epoche in Theben lebten. Die schönsten Beispiele entstanden im Neuen Reich und zeugen vom Wohlstand und hohem kulturellen Niveau des thebanischen Hofes während seiner Blütezeit.

Anders als bei den Herrschern bildeten die Gräber und Kultstätten der Untergebenen eine Gemeinschaftsanlage, die teilweise oder vollständig in den Berg getrieben wurde. Seltener, vor allem in der Spätzeit, erhielten die Außenstrukturen die Gestalt von Tempelpalästen, unter denen die eigentlichen Gräber lagen.

Die Innendekoration der Privatgräber der Achtzehnten Dynastie bestand häufig aus allgemeinen Darstellungen des Alltagslebens, das, nach den vielen Szenen mit Banketten, Tanz, musikalischen Darbietungen, Jagden und Verrichtungen bei der Ernte zu urteilen, sehr angenehm verlaufen sein dürfte. Nach dem Tod seines Besitzers wurde das Grab dann zusätzlich mit Motiven von den wichtigsten Ereignissen seines Lebens dekoriert. Diese Bilderzählungen sind in realistischer Manier und mit großem Detailreichtum wiedergegeben. Neben Darstellungen profanen Inhalts treten Schilderungen mit religiösen und kultischen Bezügen wie eine Pilgerreise zum großen Osiristempel in der heiligen Stadt Abydos, Opferszenen sowie Vorbereitungen für die Bestattungsriten oder die Leichenprozession zum Grab. Dieses ikonografische Schema gewann seit der Neunzehnten Dynastie zunehmend an Bedeutung. Es liefert nicht nur Zeugnisse aus dem Leben einzelner Personen oder dokumentiert das künstlerische Niveau der Malereien in den thebanischen Gräbern, sondern verrät die Freude am Leben in allen seinen Darstellungsformen ohne Furcht vor dem Tod. Zwar war die Angst stets gegenwärtig, aber man hat sich frühzeitig mit Hilfe von Beschwörungsformeln und Ritualen darauf eingestellt, die alle darauf hinausliefen, dem Verstorbenen ein glückliches Weiterleben im Jenseits zu ermöglichen.

In der Südwestecke der Nekropole liegt das Dorf Deir el-Medina, das zu Beginn der Achtzehnten Dynastie für die an der Errichtung der Königsgräber beteiligten Arbeiter und Handwerker geschaffen worden war. Weil die Lage der Begräbnisstätten geheim gehalten werden sollte, musste man die mit ihrer Erbauung beschäftigten Menschen von der Außenwelt abschotten. Dies geschah, indem man sie in einem schmalen Tal inmitten des thebanischen Gebirges, nicht weit von den Baustellen entfernt, ansiedelte. Der hervorragende Erhaltungszustand des Dorfes zeigt aus der Vogelschau den charakteristischen rechtwinkligen Grundriss der kleinen, aber behaglichen Hütten entlang einer Mittelachse, umgeben von einer ebenfalls rechteckigen Mauer aus ungebrannten Lehmziegeln. Bis Ende der Zwanzigsten Dynastie lebten in dieser Siedlung in der Wüste der Toten Generationen von Malern, Steinmetzen, Baumeistern und Zimmerleuten mit ihren Familien. Die Gräber ihrer eigenen Toten liegen an den Hängen der Terrassen, die im Nordosten des Dorfes aufsteigen. Jedes war von einer kleinen Pyramide bekrönt und verfügte über einen rechteckigen Vorhof, der zum eigentlichen, in den Fels gehauenen Grab führte. In die Grabkammer gelangte man wie bei allen thebanischen Grabanlagen durch einen Schacht, der mit lebhaften Szenen einer glücklichen Existenz im Nachleben ausgemalt war.

Der Reichtum an Inschriften, die man im Dorf gefunden hat, und die Grabbeigaben aus der Totenstadt – in manchen Fällen unberührt und vollzählig – machen Deir el-Medina zu einer der bedeutendsten Ausgrabungsstätten, weil es sich um eines der ganz seltenen Beispiele privaten Lebens im alten Ägypten handelt und weil es dadurch möglich wurde, den Alltag dieser kleinen Enklave privilegierter Arbeiter zu rekonstruieren. Das Ende von Deir el-Medina fällt mit dem Niedergang der geschwächten Ramessiden-Dynastie zusammen, die einen Zustand politischer Instabilität über Ägypten brachte. Die nachfolgenden Dynastien verlegten den Regierungssitz ins Delta und überließen Theben den Großen Priestern des Amun.

Durch das Gerangel um die Macht innerlich ausgehöhlt, konnte sich das Land nicht gegen die fremdländischen Invasoren zur Wehr setzen, die ihre einstigen Eroberer vorübergehend zu Unterjochten machten. Die schwarzen Pharaonen aus Nubien, die ihren Anspruch auf den Thron Amuns (Fünfundzwanzigste Dynastie) reklamierten, respektierten die alten Traditionen und leisteten ihren Beitrag zur Erweiterung von Karnak und Luxor. Aber die Assyrer und die Perser ließen Theben in Bedeutungslosigkeit versinken, wiewohl die Stadt in der Dreißigsten Dynastie unter den Ptolemäern noch einmal eine letzte glanzvolle Blüte erlebte. In der römischen Epoche befand sich Theben unter den vielen anderen Städten Oberägyptens, denen keine Zukunft mehr beschieden war, für alle Zeiten dazu verurteilt, mit seinen Ruinen von einer glanzvollen Vergangenheit zu künden.

Wie ihre einheimischen Vorgänger hielten sich auch die neuen griechischen und römischen Herren an die Traditionen des eroberten Landes und präsentierten sich dem Volk als legitime Erben des Throns der Zwei Länder. Die Errichtung örtlichen Gottheiten geweihter Tempel und die Veranstaltung religiöser Festlichkeiten dienten ihnen dazu, die Dauerhaftigkeit der dynastischen Ordnung zu dokumentieren. In dieser Zeit entstanden viele der großen Tempel auf den Ruinen älterer Bauten unter Beibehaltung traditioneller architektonischer Gesetzmäßigkeiten, aber mit besonderer Betonung der Bedeutung des Monuments im Sinne der Kosmogonie und der komplexen Rituale, die das Haus der Götter zum mythischen Ort der Erschaffung der Welt verklärten.

In der Ptolemäerzeit wurden im Gebiet um Theben mehrere Tempel errichtet: in Dendera, Esna, Edfu und Kom Ombo. An ihrem guten Erhaltungszustand können wir Würde und ästhetischen Anspruch einer Architektur bewundern, die das letzte Bollwerk der altägyptischen Religion repräsentiert, bevor diese hinweggefegt wurde. Luftaufnahmen erlauben es uns, die fundamentalen architektonischen Gemeinsamkeiten dieser teils sehr unterschiedlich gestalteten Tempel zu erkennen.

Die Aufteilung der Räume und Ausschmückung der Wände, Decken und Fußböden waren dazu bestimmt, den Gesetzen von der Harmonie der Welt sichtbaren Ausdruck zu geben, wobei das Gesetz von der Verehrung der Götter als Garanten des Wohlergehens auf Erden als das oberste galt. Von der Außenwelt sind die Tempel durch eine hohe Mauer abgeschirmt, deren Aufteilung in wellenähnliche Segmente die feindlichen Mächte des schlammigen Ur-Ozeans symbolisiert, welcher vor der Schöpfung existierte. Im Innern zeigen die Szenen am Hauptpylonen den König bei der Vernichtung seiner Feinde und versinnbildlichen auf diese Weise den Sieg der Ordnung über das Chaos, das die erschaffene Welt, deren Metapher die Tempel darstellten, ständig bedroht.

Das Profil des Pylonen erinnert an die Hieroglyphe für Horizont, die symbolische Grenze, jenseits welcher ein Universum aus Sinnbildern und heiligen Sprüchen liegt, eine Art mythischer Hintergrund, vor dem die Welt erstand. Dementsprechend mussten die Maße des Tempels einem idealen Modell entsprechen, das die Götter in der »Nacht der Zeit« für das »Haus der Ersten Zeit« entworfen hatten, für den Ort, an dem Zeit und Raum messbar wurden und Leben auf der Erde erwachte.

Die Botschaft wurde in das Dekorationsschema der großen Pfeilerhalle übernommen, das den Urzustand am Anfang der Zeit im ewigen Kreislauf des Kosmos beschreibt. Das Dach ist als sternenübersätes Firmament mit Tierkreiszeichen und Himmelsgöttern dargestellt, am Fundament der Wände sieht man Wasserpflanzen, Teiche und Tiere, und darüber erhebt sich der Wald aus Pfeilern mit Pflanzenkapitellen. Die fundamentalen Mythen ägyptischer Kultur – Schöpfung, Wiedergeburt und Aufrechterhaltung der vorgegebenen Ordnung – nehmen in den Malereien im Tempelinnern breiten

Raum ein, gemeinsam mit liturgischen Szenen von der Götterverehrung. Auf dem Weg ins Innere werden die Räume kleiner, und im letzten, wo die heilige Barke steht und ein Schrein mit der Statue des Gottes, herrscht fast völlige Dunkelheit. Kapellen sowie kleine Nebenräume umgeben das »ehrwürdige Haus«, und Inschriften und Bilder illustrieren den Verwendungszweck der Räume und der Zeremonien, die hier abgehalten wurden.

Zu den Nebengebäuden der Tempelanlage gehörten zum Beispiel das »Haus der Wahrheit«, wo die heiligen Texte kopiert und studiert wurden, Klausen für die Priester und weitere Lagerräume. Der heilige Teich galt als Symbol des Ozeans, aus dem am Tag der Schöpfung die Sonne aufstieg und in dem Priester und Gläubige die tägliche Reinigungszeremonie vollzogen. Während der nächtlichen Zelebrierung der Mysterien beteiligten sich die Initianden am Ritual vom Sterben und Wiedererstehen des Osiris.

Für griechisch-römische Tempelbauten charakteristisch sind die *mammisi* – »Geburtshäuser« – und das *sanatorium*. In Ersteren vollzog sich das Mysterium von der heiligen Geburt des Königs. Letzteres diente der Wiederherstellung der Gesundheit – weniger mit wissenschaftlichen Methoden, sondern unter Einsatz der Magie –, unter anderem mit drastischen Schlaftherapien.

Der Tempelbezirk in Dendera, welcher der Göttin Hathor geweiht war, gehört zu den besterhaltenen Sakralbauten Ägyptens. Er besteht aus dem eigentlichen Hathor-Heiligtum, in dessen Vorhalle 24 Säulen mit Kapitellen aus gehörnten Hathor-Gesichtern das Dach tragen, dem Geburtshaus des Pharaos Nektanebo aus ptolemäischer Zeit und einem weiteren für die römischen Kaiser, einem *sanatorium* mit Wasserbecken für die Ablution und Reinigung sowie Kammern, in denen die Kranken in kataleptischen Schlaf versenkt wurden, weil man glaubte, dass in diesem totenähnlichen Zustand die Göttin Hathor die wirksamste Kur für die Gebrechen enthüllen würde. Es gibt einen Teich, in den man auf Stufen hinabsteigt, einen Nilometer, ein Rostrum und ein Aviarium. In zwölf herrlich ausgeschmückten Krypten hat man die kostbaren Kultgerätschaften aufbewahrt. Sie wurden zu geheimen Ritualen verwendet, an denen nur Priester teilnehmen durften.

Am Neujahrsfest wurde das goldene Standbild der Hathor aus der Krypta geholt und zu einer kleinen Kapelle in der Südwestecke der oberen Terrasse des Tempels getragen. Hier vollzog sich bei Morgengrauen des folgenden Tages die mystische Vereinigung der Göttin mit der Sonne, Sinnbild für das mythische Ereignis am ersten Schöpfungstag, als die Sonne die Finsternis durchbrach und aus dem Licht das Leben erwachte.

Die Ruinen einer ähnlichen Kapelle hat man im Horus-Tempel in Edfu gefunden, etwa 100 Kilometer südlich von Theben. Es ist der größte erhalten gebliebene Tempelbau aus der Ptolemäerzeit. Ursprünglich war das Areal viel weitläufiger und liegt heute teilweise unter Feldern und Häusern des Dorfes. Die Gebäude waren vom gleichen Typ wie die in Dendera. Einmal im Jahr unternahm die Statue der Hathor die lange Reise nilaufwärts zum Haus ihres Gemahls in Edfu, wo 14 Tage lang gefeiert, getanzt und musiziert wurde.

Horus, der Falkengott, war die dynastische Gottheit par excellence, nachgeborener Sohn des Osiris, als dessen Inkarnation die Pharaonen sich verstanden. Die Osiris-Legende erzählt, dass er der erste Herrscher der Welt war und von seinem Bruder Seth aus Neid getötet und in Stücke gerissen wurde. Osiris' Gemahlin Isis sammelte die verstreuten Leichenteile ihres Gemahls ein, fügte sie wieder zusammen und hauchte ihnen Leben ein, um den legitimen Erben Horus empfangen zu können. Die Dekorationen des Tempels schildern über weite Strecken den Kampf zwischen Seth und Horus, der mit dem Sieg des Guten über das Böse endete. Horus wurde der neue König der Welt und sein Vater Osiris der Herrscher über das Königreich der Toten. Aus diesem Grund hat man die Feste zur Erinnerung an die Königskrönung in Edfu abgehalten. Dabei holte man einen Falken aus dem heiligen Aviarium, krönte ihn im großen Kolonnadenhof und brachte ihn in einen der Räume des Allerheiligsten, wo er als Inkarnation des Horus ein Jahr lang regierte.

Auf andere Weise verlief die Horus-Verehrung im Tempelbezirk von Kom Ombo. Hier teilten sich Haroëris (das ist Horus der Ältere) und der Krokodilgott Sobek einen gemeinsamen Tempel, der aus zwei Hälften besteht mit jeweils einem Allerheiligsten mit Vorhalle, Säulensaal und drei Vorsälen hinter dem Pylonen in der gemeinsamen Umfassungsmauer. Links vom Pylonen, dicht an der Mauer, steht eine Kapelle der Hathor aus römischer Zeit, die heute Sobek-Kapelle heißt und in der mumifizierte heilige Krokodile aus der Nekropole aufbewahrt werden.

Ganz anders präsentiert sich der Tempel des Chnum in Esna. Vom Tempel mitten in der Stadt ragt nur noch die siebenschiffige Vorhalle über eine neun Meter tiefe Ausschachtung hinaus. Die Reliefs an den Innenwänden und Säulen zeigen Bilder römischer Kaiser im Gewand der Pharaonen. Esna bietet Beispiele der späten ptolemäisch-römischen Hieroglyphenschrift, die sich inzwischen von einer Umgangssprache zu einer Art Geheimschrift mit neu erfundenen kryptografischen Zeichen gewandelt hatte. Diese Schriftform eignete sich besonders für die Wiedergabe göttlicher Namen, wobei jedes Zeichen einen Laut und zugleich eine der vielen Eigenschaften des jeweiligen Gottes darstellte. Demzufolge erscheint der Name Chnums auf den 24 Säulen des Tempels in 140 verschiedenen Schreibweisen. Als die Ära des heidnischen Ägyptens sich dem Ende zuneigte, versuchte man das religiöse Erbe des Landes hinter immer obskureren Darstellungsformen zu verteidigen, in die nur wenige Privilegierte eingeweiht waren, und die Tempel wurden zu sakrosankten Repräsentanten einer jahrtausendealten Liturgie, welche die letzten Söhne des Horus in unvergänglichen Stein meißeln ließen.

126–127 Der Nil bei Luxor: am rechten Ufer die Stadt, am linken Ufer das Tal der Könige; vorn die Bungalows des Jolie Ville Mövenpick Luxor auf der Krokodilinsel.

128–129 Der gewaltige Tempelkomplex von Karnak war der thebanischen Triade Amun, Mut und Chons geweiht. Früher verband eine Sphingenallee den Tempel mit der Anlegestelle am Nilufer.

129 Das Heiligtum im Südteil der Tempelanlage mit Heiligem See und Nebentempeln war der Mut geweiht. Eine lange Sphingenallee führt zum Großen Amun-Tempel.

130 Der Große Säulensaal im Amun-Tempel von Karnak. 134 Papyrussäulen in 16 Reihen aus der 18. und 19. Dynastie trugen das Dach.

131 oben Hinter dem ersten Pylon liegt der Große Hof mit dem Tempel Sethos' II. auf der linken Seite: Rechts ragt der Pylon des Tempels Ramses' III. in den Hof. In der Mitte die Reste vom Säulengang des Taharka.

131 unten Blick von den südlichen Pylonen auf den Großen Säulensaal. Im Vordergrund der Hof der Cachette.

132–133 Die prachtvolle Architektur des Großen Amun-Tempels in Karnak. Links, hinter dem 1. Pylon, der Große Hof, rechts daran anschließend die Große Säulenhalle.

134–135 Das thebanische Gebirge bei Sonnenaufgang. Am Nilufer im Vordergrund liegt der noch menschenleere Tempelbezirk von Luxor.

136 Der Säulengang des Tempels von Luxor, auch »südliches Frauenhaus des Amun« genannt. Die Reliefs an den Wänden schildern Szenen vom Opet-Fest.

137 Hinter dem Pylon mit einem Obelisken davor (links oben) liegen die Säulengänge des Großen Hofs Ramses' II. Von rechts oben schiebt sich die Moschee Abu el-Haggag in den Hof, an den sich der Säulengang anschließt.

138–139 Die Libysche oder Westliche Wüste liefert die majestätische Kulisse für die Pharaonengräber im Tal der Könige. Der Gipfel links ist der heilige Berg, der über die Totenstadt wacht.

140 Ein Fußsteig zwischen den westlichen Tälern der thebanischen Nekropole führt ins Tal der Königinnen, wo die Gemahlinnen und Kinder der Pharaonen bestattet wurden.

141 Für die am Bau der Königsgräber beteiligten Arbeiter und Künstler wurde zu Beginn des Neuen Reichs das Dorf Deir el-Medina errichtet. Im Vordergrund hinter der Mauer der kleine Hathor-Tempel aus ptolemäischer Zeit.

142 Die monumentalen Statuen Amenophis' II., von den Griechen Memnonkolosse genannt. Sie wurden kürzlich gereinigt und restauriert.

Bekannt wurden sie vor allem durch ihre klagenden Laute bei Sonnenaufgang, die aber längst verstummt sind.

143 Die Kolossalstatuen Amenophis' II. stehen einsam dort, wo sich einst das Portal des Totentempels des Herrschers erhob. Hinten: die Totenstadt des Neuen Reichs.

144 Der Hatschepsut-Tempel in Deir el-Bahari in einer flachen Talmulde am Fuß des Gebirges. Oben im Bild der Totentempel Mentuhoteps II. aus der Elften Dynastie.

145 Terrassenförmig ansteigend, schiebt sich der Tempel der Hatschepsut an die steile Felswand heran. Hinter zwei parallelen Säulengängen liegt der Obere Hof, der für Touristen nicht zugänglich ist.

146 Der Totentempel Ramses' II. (Ramesseum). In der Mitte die vier noch erhalten gebliebenen Osirispfeiler vor dem Großen Säulensaal.

147 oben Der Grabtempel Sethos' I. von Kurna. Oben im Bild die Vorhalle zum Säulensaal mit neun der ursprünglich zehn Papyrusbündelsäulen. Das Allerheiligste dahinter mit herrlichen Reliefs war Amun geweiht und dem Kult des Königs.

147 unten Diese Gesamtansicht des Ramesseums zeigt in der Mitte die Große Säulenhalle mit den vier Osirispfeilern davor und an den Seiten sowie hinten die ausgedehnten Nebengebäude.

148–149 Der Bezirk des Ramses-Tempels in Medinet Habu. Innerhalb der Umfassungsmauer liegen der Haupttempel Ramses' III. mit zwei Pylonen, zwei Höfen und einem großen Säulensaal.

149 oben Blick auf den ersten und zweiten Hof sowie die Große Säulenhalle des Haupttempels Ramses' III., der den Grundriss des Ramesseums wiederholt.

149 unten Teile des monumentalen ersten Pylonen des Haupttempels Ramses' III. mit Zinnenbewehrung nach dem Vorbild syrischer Festungsbauten.

150 Im Schatten der Libyschen Berge liegen die Gräber des Altertums auf dem Plateau von Dra Abu el-Naga zwischen modernen Wohngebäuden.

151 Ein muslimisches Begräbnis in Kurna, nicht weit vom Totentempel Sethos' I. und den Gräbern hoher Würdenträger aus der Achtzehnten Dynastie.

152–153 Von oben gleichen diese Palmen explodierenden Feuerwerkskörpern.

154–155 Viele Dörfer liegen auf dem fruchtbaren Landstreifen entlang des Westufers des Nils.

156–157 Ländliche Siedlungen und grüne Felder nahe Edfu im Niltal. Im Hintergrund die Ausläufer der Arabischen Wüste.

158 oben Der Tempel der Hathor in Dendera. Zum heiligen Bezirk hinter der hohen Umfassungsmauer gehören der Isis-Tempel, der heilige Teich, zwei Geburtshäuser (*mammisi*) und die koptische Kirche.

158 unten Der Horus-Tempel in Edfu steht zwischen den Häusern der modernen Stadt. Er ist einer der am besten erhaltenen Sakralbauten aus der Ptolemäerzeit.

158–159 Die Eingänge zum Großen Doppelheiligtum in Kom Ombo führen in die Heiligtümer von Haroëris und Sobek. Der Komplexbereich aus der Ersten Zwischenperiode wurde unter den Ptolemäern erweitert.

160–161 Der monumentale Pylon des Horus-Tempels in Edfu ist mit kolossalen Reliefs von Ptolemäus XII. Neos Dionysos dekoriert. Unten zwei überlebensgroße Falken aus schwarzem Granit links und rechts des Eingangs.

162–163 Flusslandschaft zwischen Luxor und Assuan. Hunderte von Dörfern säumen das felsige Nilufer.

ASSUAN UND DER NASSER-SEE

Gleich nördlich vom Wendekreis des Krebses, wo der Nil sich zwischen Granit- und Sandsteinklippen des Ersten Katarakts hindurchzwängt, liegt Assuan, die Perle Oberägyptens. Wenn man sich von Norden nähert, scheint es, als sprudle der Strom unmittelbar aus dem Wüstensand und ergieße sich zwischen Felsen und Inseln in ein breites, felsiges Amphitheater, welches einen der zauberhaftesten Orte im Niltal umgibt. In diesem Land vermischen sich Licht und Farbe in lebhaften Kontrasten von außerordentlicher Schönheit. Die Szene wird beherrscht vom Strom, dem Himmel und den Felswänden an den Ufern.

Das moderne Assuan liegt am rechten Ufer. Die Architektur der Stadt ist von anmutiger Schlichtheit: Minarette überragen Hausdächer und Gärten. Die urbane Atmosphäre wird vom diffusen bernsteinfarbenen Licht bestimmt, welches die Sanddünen gegen die weißen Mauern werfen. Leuchtend bunt hingegen ist das Farbenspiel der Gewänder und Naturprodukte in den Basars, und durch die klare Luft ziehen die Düfte der Gewürze und Essenzen, mit denen in Assuan seit alters her gehandelt wird. Von oben kann man das türkisfarbene Wasser in den Pools der großen Hotels sehen, umgeben von Palmen und Gärten, und das Blau und Grün ergänzt die Palette von Ockertönen, in denen sich die Sandsteinfelsen im Nilwasser spiegeln.

In Assuan ist der Fremdenverkehr weniger turbulent und aufdringlich als in anderen Städten Ägyptens. Die ersten Reisenden kamen zu Beginn des 19. Jahrhunderts hierher, nachdem sich die Nachricht von der ägyptischen Expedition Napoleons und die Attraktivität der Gegend in Europa herumgesprochen hatten. Damals verwandelte sich das kleine nubische Dorf in ein beschauliches Städtchen, in dem wohlhabende Europäer im trocken-warmen Klima den Winter verbrachten.

Das blaue Wasser des Nils ist so rein wie der Nachthimmel. Nur hier und da leuchtet das Weiß der Segel der Feluken, welche die Touristen zu den Sehenswürdigkeiten bringen, heute wie damals. Die Tempel der Pharaonen wurden nicht am Nilufer errichtet, sondern auf der grünen Insel Elephantine, die man mit Hilfe einer Fähre erreicht. Hier entstand im Schutz des natürlichen Wassergrabens eine antike Stadt im Grenzland, die als Ausgangspunkt für militärische und Handelsexpeditionen ins Schwarze Afrika, das antike Nubien, diente, und wo die mit Räucherwerk, Gold, Elfenbein und anderen exotischen Gütern beladenen Karawanen, nicht selten auch in Begleitung von Sklaven, eintrafen.

Die Denkmäler des Altertums konzentrieren sich an der Südspitze der Insel. Dazu gehören die antike Stadt, der Tempel des Chnum – des widderköpfigen Gottes, der zusammen mit Satis und Anukis als Herr der Katarakte verehrt wurde –, sowie mehrere heilige Stätten aus verschiedenen Epochen. Eine der ungewöhnlichsten ist das Grab des Hekaïb, des Prinzen von Elephantine in der Sechsten Dynastie, der nach seinem Tod deifiziert wurde. Auch die Gräber anderer »Wächter des Tors in den Süden« und Würdenträger des Alten und Neuen Reichs liegen in der felsigen Totenstadt am Westufer, wo man nach Assuan hinüberschaut.

Ein Stück weiter im Süden erstreckt sich der große Botanische Garten, den der englische Konsul Horatio Kitchener gegen Ende des 19. Jahrhunderts anlegen ließ. Die Fülle der exotischen Pflanzen und der Duft der Blumen ist überwältigend. Am Westufer des Nils verbirgt sich hinter Sanddünen das alte Simeonskloster. Es ist eines der größten Klöster Ägyptens und beherbergte einst Hunderte von Mönchen und Pilgern. Seit dem 14. Jahrhundert ist es verlassen, obwohl die Anlage noch gut erhalten ist.

Nachdem man sich gegen die Strömung an den Klippen und grünen Inselchen vorbeigearbeitet hat, gelangt man zur kleinen Insel Sehel, wo es alte Wandmalereien und Inschriften zu sehen gibt. Auf der »Hungerstele« aus ptolemäischer Zeit steht der Name des Erbauers der Stufenpyramide von Sakkara, Djoser Netjerichet. Die Inschrift

164 Ufer des Nasser-Sees in der Wüste nördlich von Dakka. Unter der Oberfläche des gewaltigsten Wasserspeichers der Welt liegen Tausende Quadratkilometer nubisches Land.

berichtet hauptsächlich von der Arbeit in den Steinbrüchen, für die Assuan berühmt ist, und von der Gewinnung von Quarz und Kalzit, vor allem aber des schönen roten und grauen Granits, der für Obelisken, Kolossalstatuen und monolithische Schreine für Götterstatuen verwendet wurde.
Aus dem gleichen Granit ist zwischen 1898 und 1912 auch die erste Talsperre von Assuan errichtet worden, um die Wasserkraft des Nils zu nutzen – was aber auf Dauer nicht ausreichte. Nachdem die Probleme mit der Wasserregulierung sich damit nicht lösen ließen, baute man einen zweiten, viel höheren Damm, hinter dem ein riesiges Reservoir liegt: der Nasser-See.
Zwar hat der Assuan-Hochdamm für die Landwirtschaft und Energiegewinnung großen Nutzen gebracht, aber die drastischen Veränderungen im hydro-geologischen Gleichgewicht im Gebiet zwischen dem Ersten und Zweiten Katarakt sind unübersehbar. Die gesamte Region zwischen Assuan und Wadi Halfa, wo der Fluss durch die felsige Landschaft strömte, liegt heute unter dem Wasser des Stausees.
Dass wir die prächtigen Tempel der Pharaonen noch besuchen können, ist ausschließlich dem rechtzeitigen Einschreiten der UNESCO zu danken, welche die Weltöffentlichkeit mobilisierte, um die bedeutenden Bauwerke vor dem Untergang zu bewahren. Ganze Tempelkomplexe wurden zerlegt und in höherer, der alten weitgehend entsprechenden Lage wieder aufgebaut. Zehn dieser Tempel sind in Ägypten geblieben, vier weitere wurden den beteiligten Nationen geschenkt als Dank für die erbrachten Leistungen.
Zu den Inseln in der gigantischen Felsenbucht des Ersten Katarakts gehörte einst auch das bezaubernde Philae, von dem nur noch die farbenprächtigen Wandmalereien im großen Tempel der Isis berichten. Nach Errichtung des ersten Staudamms stand der Tempel regelmäßig bis auf drei Monate im Jahr völlig unter Wasser. Nur wenn man es abließ, tauchten die Gebäude wieder auf. Den wenigen Besuchern bot sich ein Anblick wie bei der Erschaffung der Welt, die in diesem Tempel stattgefunden haben soll, wie die Mythologie zu berichten weiß. Während die Pylonen aus den Fluten aufzusteigen schienen, erwachte ringsum die Flora zu neuem Leben und verschmolz malerisch mit den Pflanzenornamenten am Fuß der Wände und Säulen des Tempels. Das jährliche Erscheinen des Tempels aus den Fluten und das Erwachen der Pflanzenwelt erinnerte an die Sage von der Entstehung der weltlichen Ordnung aus dem Ur-Ozean.
In den 1970er-Jahren, nachdem der Hochdamm fertig gestellt war, versetzte man den Isis-Tempel und andere Bauwerke des Komplexes auf die nahe gelegene Insel Agilkia, deren Ufer man so herrichtete wie die der ursprünglichen, untergegangenen Insel.
Jenseits des Hochdamms erstreckt sich nach Süden der Nasser-See, das größte Wasserreservoir der Welt. Es ist erstaunlich, wie harmonisch sich dieses Menschenwerk in die Umgebung einfügt und ihr nichts von ihrer natürlichen Schönheit raubt – ganz im Gegenteil: es verleiht den Formen und Farben zusätzliche Wirkung. Von oben gewinnt man den Eindruck, die nubische Landschaft sei ein kostbares Juwel mit dem See als blauer Saphir in einer Goldfassung aus Wüstensand unter einem durchsichtig türkisfarbenen Himmel, dessen Unendlichkeit sich im See spiegelt. So muss es wohl auch im Morgenlicht der Schöpfung ausgesehen haben, als die Elemente Wasser und Erde einander umschlangen und sich vereinten, ohne sich zu vermischen.
Der See hat eine Ausdehnung von Hunderten von Kilometern und wirkt bis auf ein paar Fischerkähne oder ein Beduinenlager am Ufer völlig verlassen. Hier und da stehen Tempel, die heute unter Wasser lägen, hätte man sie nicht auf höher gelegenen Grund versetzt. In der Nähe des Hochdamms befinden sich das kleine Felsenheiligtum Beit el-Wali und der Kalabscha-Tempel aus der Ptolemäerzeit, der dem nubischen Gott Mandulis geweiht ist. Ein Stück weiter stößt man auf den Hathor-Pavillon mit seinen eleganten Säulen – das einzige Bauwerk, das vom großen Komplex von Kertassi noch übrig ist.
Tief im Süden, nahe dem antiken Sebua, sieht man noch die Reste eines Tempels mit Sphingenallee, den Ramses II. für Amun-Re hatte

errichten lassen, und auf einem zum See hin abfallenden Hügel erheben sich die Pylonen und der Tempel von Dakka aus der Ptolemäerzeit, der dem Gott Thoth geweiht war.
Die einzige an ihrem angestammten Platz verbliebene antike Siedlung liegt auf der Insel Qasr Ibrim, dem höchsten Punkt eines Sandsteinfelsens, der vor Errichtung des Hochdamms das Ostufer des Nils beherrscht hatte. Hier befinden sich die Ruinen des Tempels des Taharka, eines der letzten nubischen Herrscher Ägyptens in der Fünfundzwanzigsten Dynastie, sowie die Reste einer pharaonischen Befestigungsanlage und einer frühchristlichen Kirche.
Etwa 280 Kilometer südlich von Assuan, nahe der Grenze zum Sudan, bietet der Felsentempel von Abu Simbel ein beeindruckendes Beispiel für die Anstrengungen, die es gekostet hat, die nubischen Monumente zu erhalten. Die Fassaden der beiden Tempel, die unter Ramses II. aus dem roten Fels gehauen worden waren, liegen heute etwa 40 Meter höher als zur Zeit ihres Entstehens. In nur vier Jahren hat man sie in 1036 bis zu 20 Tonnen schwere Blöcke zersägt und oben auf dem Hügel vor einer Kuppel aus Stahlbeton, in deren Hohlraum die Innenräume hineinragen, wieder zusammengesetzt. Dann hat man um die gesamte Kuppel herum Steinbrocken und Geröll aufgeschichtet, damit es aussieht, als wäre es gewachsener Fels wie am ursprünglichen Standort.
Nur aus der Luft lassen sich das Ausmaß und die Schwierigkeiten dieser bautechnischen Maßnahmen erkennen. Die Fassade mit ihren kolossalen Wächterfiguren hingegen hat nichts von ihrer einstigen Ausstrahlung verloren. Von den sieben Tempeln, die Ramses II. in den abgelegenen Regionen Nubiens hatte errichten lassen, sind die beiden von Abu Simbel zweifellos die eindrucksvollsten.
Der Große Tempel schiebt sich über 60 Meter in den Berg hinein. Vor der Fassade erheben sich vier aus dem Fels gehauene monumentale Sitzfiguren des majestätisch thronenden Pharaos, um dessen Beine Mitglieder der königlichen Familie wie die Königinmutter, die Gemahlin Nefertari und verschiedene Prinzen und Prinzessinnen als kleinere, aber immer noch überlebensgroße Figuren angeordnet sind. Sinn der gesamten Anlage war die Glorifizierung des allmächtigen Herrschers, der sich schon zu Lebzeiten als Gott verehren ließ.
Die Pfeilerhalle hinter dem Portal wird von zwei Reihen aus je vier Osirisfiguren mit dem Gesicht des Pharaos in drei Schiffe geteilt. An der nördlichen Seitenwand berichten Reliefs von der berühmten Schlacht von Kadesch gegen die Hethiter mit Belagerungsszenen, Streitwagen und gefangenen Feinden, und immer wieder taucht dazwischen der siegreiche Pharao in Begleitung Amuns auf. Zweimal im Jahr fällt das Licht der aufgehenden Sonne direkt durch das Portal und erleuchtet die Statuen der drei Götter, denen der Tempel geweiht war: Ptah, Amun-Re und Re-Harachte. Mit dem vierten Standbild der Gruppe hat sich Ramses als vergöttlichter Pharao selbst dargestellt.
Als Beweis der Zuneigung zu seiner Hauptfrau Nefertari hatte der König neben seinem eigenen einen kleineren Tempel anlegen lassen, der ausschließlich dem Kult der Königin in Gemeinschaft mit Hathor vorbehalten war. Das königliche Paar ist zu beiden Seiten des Portals in Form von sechs Kolossalstatuen dargestellt; in Fassadennischen stehen je drei über zehn Meter hohe Steinplastiken, von denen vier den Pharao darstellen und zwei seine Gemahlin in Gestalt der Hathor.
Das Innere von Nefertaris Tempel besteht aus einer Pfeilerhalle mit acht Hathorpfeilern, die mit religiösen Szenen bedeckt sind, einer Querhalle sowie dem Allerheiligsten mit einer kapellenartigen Nische in der Rückwand, in der Hathor als Kuh im Hochrelief dargestellt ist, wie sie dem König Schutz gewährt.
Das Wunder von Abu Simbel hat der Welt eines der grandiosesten Beispiele für die genialen Leistungen der Pharaonen zurückgegeben. Es ist das Verdienst derjenigen, die diese Bauwerke vor dem Untergang bewahrt haben, dass wir heute noch die gleiche Ehrfurcht bei ihrem Anblick empfinden wie alle Menschen, die über Jahrtausende hinweg in ihren Bann gezogen wurden.

168–169 Assuan am Ostufer des Nils, die Perle Oberägyptens, mit seinen Nilinseln bietet einen bezaubernden Anblick. Elephantine, die größte der Inseln, verfügt über eine antike Stadt und mehrere Heiligtümer.

170 Südlich von Assuan schiebt sich die Wüste dicht an den grünen Uferstreifen heran.

171 Ein pittoreskes nubisches Dorf nördlich von Assuan. Der fruchtbare Uferstreifen wird schmaler, je weiter man nach Süden kommt.

172 Das im Kolonialstil erbaute Old Cataract Hotel am Ufer des Nils war Drehort des Films »Tod auf dem Nil« nach dem Kriminalroman von Agatha Christie.

173 oben Auf der paradiesischen Insel Amun mitten im Nil entstand ein elegantes Touristenzentrum.

173 unten Das Mausoleum Aga Khans III. am westlichen Nilufer gegenüber der Südspitze von Elephantine wurde aus rosa Sandstein im Stil der Fatimidengräber in Kairo erbaut. Links davon zum Ufer hin die weißen Mauern der Villa Nur el-Salam.

174 Nördlich des 1912 vollendeten Staudamms von Assuan teilt sich der Fluss in mehrere Arme mit Klippen und Inseln.

175 Das Simeonskloster auf einer Wüstenanhöhe am Westufer wurde im 7. Jahrhundert gegründet und im 13. Jahrhundert wegen Wassermangels verlassen.

176 und 177 Feluken mit dreieckigen Segeln zwischen begrünten Inseln auf dem stillen Wasser des Nils. Ein Tagesausflug auf einem dieser Boote hinterlässt unvergessliche Eindrücke.

178 oben Der Isis-Tempel auf der Insel Agilkia. In den 1970er-Jahren wurde der Tempel von seinem ursprünglichen Platz auf der Insel Philae hierher versetzt, um ihn vor dem Untergang zu retten.

178 unten Nach der Entstehung des Nasser-Sees hinter dem Hochdamm Sadd el-Ali wurde aus den Stromschnellen des Ersten Katarakts ein ruhiges Gewässer, wo Seevögel siedeln.

178–179 Die kleinen Inseln am Ufer des Nasser-Sees sind die Kuppen felsiger Wüstenhügel, die jetzt unter Wasser liegen.

180–181 Der Tempel von Dakka ist eines von zehn Denkmälern, das von der UNESCO vor dem aufgestauten Wasser in der Nubischen Wüste gerettet wurde. Man hat ihn 40 Kilometer weiter südlich in Neu-Sebua wieder errichtet. Mit dem Bau des Tempels hatten der nubische König Ergamenes und die Ptolemäer begonnen, die Römer erweiterten ihn.

181 oben Die Tempel von Dakka (hinten) und Maharraka (vorn) wurden im Wadi el-Sebua am Westufer des Nasser-Sees neu errichtet. Der unvollendete Maharraka-Tempel entstand in der Römerzeit und war der Serapis und Isis geweiht.

181 unten Wadi el-Sebua, das »Tal der Löwen«, verdankt seinen Namen den Löwensphingen vor dem Tempel, den Ramses II. für »seinen Vater Amun« errichtet hatte.

182–183 Zerklüftete Wüstenformationen aus Sand und Fels am Ufer des Nasser-Sees.

184 Nördlich von Abu Simbel ragt der Gipfel eines Berges wie ein Atoll im Pazifik aus den Fluten des Nasser-Sees.

185 Ein schmaler Kanal dringt in das Wüstenland hinein und erlaubt die Bewässerung der angrenzenden Felder.

186 Der Große Tempel Ramses' II. wurde vollständig zerlegt und oberhalb des ursprünglichen Standorts wieder zusammengesetzt.

187 oben Die Kolossalstatuen Ramses' II. am Eingang zum Großen Tempel sind 20 Meter hoch und wurden aus dem gewachsenen Fels herausgemeißelt.

187 unten Der Große Tempel Ramses' II. in Abu Simbel (links) und der kleinere seiner Gemahlin Nefertari auf der Anhöhe über dem Nasser-See.

188 und 189 Wind und Sand haben die dunklen Felsen in der Wüstenlandschaft nördlich von Abu Simbel zu kuppelförmigen Gebilden geschliffen.

190–191 Die Wüste um den Nasser-See nördlich von Abu Simbel sieht aus wie eine urzeitliche Lagunenlandschaft, umspült vom Wasser des riesigen Stausees.

DIE WESTLICHE WÜSTE UND DIE OASEN

Eingezwängt zwischen die beiden Wüsten, die den Lauf des Nils begleiten, wirkt das Stromtal, einer grün gefleckten Schlange vergleichbar, wie ein Wunder der schöpferischen Kräfte der Natur. An den Ufern des Flusses entlang erstreckt sich die Vegetation bis hinab ins Delta. Aber außerhalb des Leben spendenden Streifens fruchtbaren Landes, das der Nil bewässert, besteht Ägypten aus Wüste. In früheren Zeiten wurde es »Rotes Land« genannt zur Unterscheidung vom »Schwarzen Land«, wie man den Schwemmboden des Niltals bezeichnete.

Wie majestätische Propyläen bilden die Felsklippen der Libyschen und der Arabischen Wüste den Eingang ins verschwiegene Reich des Unbekannten, in ein Gebiet, das den alten Ägyptern weit abgelegen, fremd und feindlich gesinnt war. Die Wüsten bedeuteten für sie das geheimnisvolle Universum am Rand der vertrauten Welt, hinter dem Tag für Tag die Sonne auf- und unterging auf ihrer ewigen Rundreise über den Himmel und durch die Unterwelt.

Die Arabische Wüste im Osten ist überschaubar, denn sie endet an einer natürlichen Grenze, dem Roten Meer. Aber die Westliche Wüste, die zwei Drittel der Landfläche einnimmt, ist in vieler Hinsicht immer noch Terra incognita, ein Gebiet von unermesslicher Ausdehnung aus Dünen und Felsformationen unterschiedlichster Arten und Formen, die den Ostrand der Sahara bilden.

Vor Tausenden von Jahren bot sich die Landschaft völlig anders dar. Es gab Bereiche, die sich für menschliche Besiedelung eigneten, durch geologische Umschichtungen entstandene Täler mit Grundwasser und häufigem Niederschlag. Zahlreiche Oasen mit Wasser, üppiger Vegetation und reicher Tierwelt – wie man auf Felsenzeichnungen sehen kann – lieferten einen Teil des Nahrungsbedarfs der prähistorischen Niederlassungen. Als gegen 3200 v. Chr. die sich ausdehnende Sahara die Menschen näher an den Nil heranzudrängen begann, wurden die Oasen nicht völlig aufgegeben, sondern dienten als Bastionen des pharaonischen Reichs an den Toren des Meers aus Sand.

Hundert Kilometer südwestlich von Kairo liegt in der ockerfarbenen Wüste die Oase El-Faijum, ein riesiges grünes Areal, das im Norden vom Qarun-See begrenzt wird, den die Griechen Moeris-See nannten. Schon zu Lebzeiten Herodots bestand El-Faijum aus Gemüsegärten und Feldern, welche Ägypten mit Naturprodukten aller Art versorgten, darunter Zitrusfrüchten, Walnüssen, Oliven und Zuckerrohr. Die Oase ist eine Art Naturreservat mit großen Beständen an Fischen und Seevögeln, und die Hütten aus Lehmziegeln sehen noch genauso aus wie vor Hunderten von Jahren. Für die alten Ägypter war El-Faijum das »Land des Sees«, eine grüne Insel am Ufer eines großen Beckens, das im Neolithikum – wie alle anderen Oasen auch – mit Wasser gefüllt war. Im eigentlichen Sinne ist es gar keine Oase, weil der See durch einen Zweigarm des Nils, den Josephskanal, gespeist wird.

In der Geschichte Faijums gab es zwei Perioden des Aufschwungs und der Blüte. Nachdem sie das landwirtschaftliche Potenzial des Gebietes erkannt hatten, hatten die Pharaonen der Zwölften Dynastie ganz in der Nähe, in Lischt, ihre Hauptstadt erbauen lassen und mit einem intensiven Programm der Landgewinnung in den Marschen begonnen, die von ihren Vorgängern nur für Jagd und Fischfang genutzt worden waren. Man erweiterte die Uferbereiche, indem man den Wasserspiegel absenkte, errichtete Tempel, Städte und Nekropolen. Am südöstlichen Rand der Oase, in Hawara, ließ Amenemhet III. eine zweite Pyramide errichten (die erste steht in Dahschur) sowie einen stattlichen Totentempel mit zwölf Innenhöfen und 1500 Räumen auf zwei Ebenen. Wahrscheinlich war der Tempel das berühmte Labyrinth der Antike, das die Reisenden anlockte und Herodot und Strabo begeisterte.

Später machten die Ptolemäer aus Faijum eine der wohlhabendsten und bevölkerungsreichsten Provinzen des Landes und senkten den See noch weiter ab, um Neuland zu gewinnen, auf dem sie ehemalige griechische und makedonische Söldner ansiedelten. Es entfaltete sich erneut eine rege Bautätigkeit, deren Ruinen noch heute zu sehen sind. Mehrere Tempel waren Sobek geweiht, dem Schutzgott der Oase in Krokodilgestalt. Der aus der Zwölften Dynastie stammende, mehrmals erweiterte und restaurierte Haupttempel Sobeks stand in Medinet el-Faijum, welches die Griechen Krokodilopolis, die Römer Arsinoe nannten. Aus allen Teilen Ägyptens fanden sich Pilger ein, um die heiligen Krokodile zu füttern, die von den Priestern gehegt und nach dem Tod einbalsamiert wurden.

Tausende demotische und griechische Papyri, die man an verschie-

192 Wie Kamelhöcker ragen die teilweise mit Sand bedeckten Gipsformationen aus dem ockergelben Meer der Weißen Wüste.

denen Orten des Gebiets gefunden hat, sowie die berühmten bemalten Holztafeln, die auf den Gesichtern der römischen Mumien lagen und unter der Bezeichnung »Faijum-Porträts« bekannt sind, zeugen von der geistigen Vitalität und künstlerischen Kreativität dieser Gemeinden.

Weiter westlich und isolierter gelegen, aber genauso »ägyptisch« wie die große Schwester El-Faijum, sind die Oasen Siwa, Baharija, Farafra, Dakhla und Kharga. Welten scheinen sie vom Niltal zu trennen, und die Stille über der Libyschen Wüste möchte man fast ohrenbetäubend nennen. Sie sind die letzten Vorposten des bekannten Universums, Glieder einer natürlichen Kette, die sich durch die geologischen Verwerfungsspalten windet, die fast parallel zum Nil verlaufen. Aus strategischer Sicht haben diese Oasen eine wichtige Rolle bei der Verteidigung der südwestlichen Grenzgebiete des Königreichs und der Handelswege gespielt, die das Ägypten des Niltals mit dem Innern Afrikas verbanden. Hier ließen die Pharaonen Statthaltereien und Garnisonen einrichten, hier fanden in Ungnade gefallene Hofbeamte sicheres Exil, und auf den sich in den Oasen kreuzenden Handelswegen gelangten Güter und Informationen aus der Außenwelt in die Abgeschiedenheit der Wüste. Berühmt war der Wein, der in den Oasen gekeltert wurde, besonders der Rebensaft von Baharija, von dem sogar Inschriften in den weit entfernten Gräbern von Theben West berichten. Heute wachsen hier keine Weinstöcke mehr, aber Dattelpalmen, Zitrussträucher und andere Obstbäume.

Die Oasengruppe von Siwa liegt isoliert im Nordwesten, dicht an der Grenze zu Libyen, in einer bis zu 17 Meter unter dem Meeresspiegel gelegenen Senke – eine grüne Insel im Nirgendwo der Wüste, aber ohne Hilfe von außen überlebensfähig dank der über 300 Quellen, die das Land dort bewässern. Über Jahrhunderte hinweg hat die Oase ihre kulturelle Identität bewahrt. Hier wird noch Siwi gesprochen, ein Dialekt der Berber, die nach alter Tradition und Sitte leben. Es präsentiert sich eine Welt wie aus dem Bilderbuch, ein Meer aus Palmen und Obstbäumen, aus deren Grün die Farben der Früchte leuchten: Orangen, Granatäpfel und Datteln. Letztere waren schon im Altertum der Stolz der Bewohner. Eine merkwürdige und unverdorbene Landschaft liegt ringsum unter wolkenlosem Himmel: Kuppen aus weißem Kalkstein spiegeln sich in den großen Salzwasserseen, die vor Millionen Jahren eine zusammenhängende Wasserfläche bildeten; die Berge sind von Gräberstollen durchzogen und mit Dörfern bedeckt, die wie Schwalbennester an den Felsen kleben; verfallene Tempel erheben sich über die sie umgebende Wüste wie Geister aus der Schattenwelt. Aghurmi ist eine burgartige Lehmziegelsiedlung im Osten von Siwa, wo der Tempel vom Orakel des Amun schon lang nichts mehr prophezeit, aber die Stufen zu den heiligen Steinen immer noch ehrfürchtige Schauer hervorrufen, wie sie Alexander den Großen bewegt haben dürften, als er hierher kam, um sich als Sohn des Zeus-Ammon und als Gottkönig bestätigen zu lassen. Dieser Ort beherrscht die gesamte Oase und bietet einen Ausblick auf alle Denkmäler, wie zum Beispiel den Ammon-Tempel von Umm el-Ebeida, den Nektanebo II. in der Dreißigsten Dynastie erbauen ließ. Er wird auch »Tempel des Meeres« genannt, weil in die Kreideblöcke Fossilien von Meerestieren und Muschelschalen eingeschlossen sind. Etwas weiter südlich liegt Kleopatras Bad, in dessen zauberkräftigem Wasser, das am Tag kühl und bei Nacht warm aus dem Boden quillt, die Pilger sich zu reinigen pflegten. Nordwestlich von der Stadt Siwa ragt der Totenberg Gebel el-Mawta aus der Wüste empor, und im Westen liegen die Reste der alten Festung Shali, die aus Lehmziegeln bestand und sich buchstäblich in Schlamm auflöste, als es 1926 drei Tage hintereinander in Strömen regnete.

Die Oase Baharija war der Weingarten der Pharaonen. Sie liegt am weitesten nördlich, inmitten goldgelben Sandes, dessen Dünen der Wind ständig wechselnde Formen verleiht, und umgeben von steinigen Flächen aus schwarzem Quarzit vulkanischen Ursprungs. Hier ist alles schwarz: Berge, Schluchten und sogar die Erde. Ein griechisch-römischer Friedhof, den man 1999 bei Bawiti entdeckte, wo Alexander der Große einen Tempel hatte errichten lassen, enthielt Mumien, Sarkophage, Tausende Grabbeigaben und mit Goldblech überzogene Totenmasken.

Baharija verfügt, dank der vielen Thermalquellen, über eine besonders üppige Vegetation und erweist sich als ein Ort, wo es sich gut leben lässt. Das wusste offensichtlich auch ein einstiger Khedive zu

schätzen, der auf dem schwarzen Hügel über der Senke einen Ferienpalast erbauen ließ. Heute sind nur noch die Trümmer zu sehen, mit schwarzem Staub überzogen wie alle alten Denkmäler in diesem Gebiet.
Weiter südlich beginnt der dunkle Schleier über den Dünen plötzlich zu glitzern, wenn sich das Licht der Sonne auf den weißen Kuppen zwischen dem Sand bricht. Von oben wirkt die Wüste, welche die Oase Farafra umgibt, wie eine Mondlandschaft, übersät mit Kreideformationen, die Wind und Sand zu fantastischen Gebilden geschliffen haben. Wie Buckel liegen sie im ockergelben Sand, und ihre Farbe ändert sich ständig mit dem wechselnden Stand der Sonne. Unter dem sternenübersäten Nachthimmel scheinen die Kuppen wie Ektoplasma über der Wüste zu schweben, erstarrte Schemen, die der Wind herbeigerufen hat, damit sie über das Niemandsland wachen. Gelegentlich ragen Gebilde aus schwarzem Hämatit, versteinerte Korallen und Muscheln aus dem Sand.
Der Flug nach Dakhla führt über endlose Dünen. Die große Oase ist dreigeteilt. Im steinigen Abschnitt liegt malerisch auf einem Hügel das antike Dorf El-Qasr mit Backsteinminaretten, einer Madrasa und Läden, wo man einheimische Töpferwaren kaufen kann.
Die Wüste am Fuß des Hügels ist mit Verteidigungsanlagen, Tempeln – zum Beispiel dem kürzlich restaurierten Nero-Tempel – und Felsengräbern aus der Römerzeit übersät, deren Wände mit Tierkreiszeichen und Szenen aus dem Nachleben bemalt sind. Im zweiten Abschnitt sorgen Hunderte Thermalquellen und Seen für die Bewässerung der Anbauflächen. Das satte Grün der Felder wetteifert mit den rötlichen Klippen im Norden, die bei Sonnenuntergang wie Flammen aufleuchten. Die Felder im dritten Abschnitt der Oase gruppieren sich um die kleine Stadt Mut, die aus neuerer Zeit stammt und sich unterhalb einer alten Zitadelle an den Felshang schmiegt – ein Labyrinth aus Lehmziegelhäusern, schmalen Gassen und Gestrüpp. Weiter im Osten erheben sich kulissenhaft die Trümmer einer Siedlung aus dem Sand, die in der Sechsten Dynastie Sitz der Verwaltung war.
Die letzte der fünf Oasen, Kharga, ist das Tor zur Sahara. Sie liegt in einer riesigen, lang gezogenen Senke von 200 Kilometern Länge und 30 Kilometern Breite, umgeben von einer steilen Hügelkette aus Kreidekalkfelsen. Über die gesamte Oase verstreut sind Tempel hinter hohen Mauern, und im Norden liegen mehrere Römerkastelle. Die Denkmäler stammen zumeist aus der Spätzeit und der griechisch-römischen Periode. Daneben gibt es einige christliche Bauwerke, verlassene Klöster und koptische Friedhöfe wie den in El-Bagarat zwischen den sanften Dünen nördlich von Hibis. Der Tempel von Hibis ist der älteste in Kharga. Der Bau wurde während der Sechsundzwanzigsten Dynastie begonnen und unter Ptolemäus II. vollendet. Die herrlichen Wandmalereien aus der Regierungszeit Dareios' I. (Siebenundzwanzigste Dynastie) zeigen das gesamte ägyptische Pantheon von Amun bis Osiris. Unter Dareios war die Oase ein wirtschaftliches und religiöses Zentrum von höchster Bedeutung unter den Randgebieten des Reiches und behielt diese Vorrangstellung bis zur Ankunft der Araber. Die Perser führten neuartige Bewässerungssysteme ein, die höhere Ernteerträge zur Folge hatten, und mit dem Einsatz von Kamelen als Transportmittel wuchs und beschleunigte sich der Umschlag von Gütern.
Hundert Kilometer südlich von Kharga stößt man auf das alte befestigte Dorf Kasr Dusch, in der Antike Kysis genannt, das um eine Tempelanlage aus der römischen Kaiserzeit für Osiris und Isis entstand. Von hier aus hat man einen weiten Blick über die »Forty Days Road«, welche das Gebiet von Darfur im Sudan mit Assuan im oberen Niltal verband.
Diese Handelsstraße war schon in pharaonischen Zeiten benutzt worden. Berüchtigt wurde sie durch die Karawanen von Sklaven aus dem Sudan, die nach einem anstrengenden Fußmarsch von 40 Tagen auf den Märkten Ägyptens eintrafen und nach Arabien weiterverkauft wurde. Heute liegt Kharga im Mittelpunkt des Großprojekts »Neues Tal«, dessen Ziel die Erschließung von Siedlungsland und Anbauflächen ist, um den Bevölkerungsdruck im Niltal zu lindern. In naher Zukunft werden in dieses Gebiet, das schon einmal als Auffangbecken und sichere Bleibe für Menschen diente, die ihre angestammte Umgebung aus politischen Gründen verlassen mussten, erneut Bevölkerungsgruppen umziehen, weil sich ihnen in der alten Heimat im Niltal keine Lebensgrundlage mehr bietet.

196–197 Die Salzseen nahe Shali in der Oase Siwa erinnern an eine Mondlandschaft.

198 Das alte Siwa in der gleichnamigen Oase lag einsam auf einer felsigen Anhöhe und war vollständig aus Lehmziegeln erbaut, von denen heute nur noch Ruinen übrig sind.

199 Die alte Zitadelle im Herzen der Oase Siwa stand auf einer Erhebung aus Salzschlammblöcken. Als es 1926 drei Tage hintereinander in Strömen regnete, löste sie sich buchstäblich auf.

200 oben Wie ein Badesee inmittten der Wüste liegt der Shali-See sechs Kilometer vom Zentrum der Oase entfernt. Das Wasser ist stark salzhaltig, aber sauber, so dass man darin schwimmen kann.

200 unten Ein Farbenspiel von eindrucksvoller Schönheit: das Goldgelb der Wüste, das Grün der Felder und das Blaugrün des Sees unter einem wolkenlos blauen Himmel.

200–201 Die Felstafel des Gebel Baijda spiegelt sich im Siwa-See.

201 oben In gemauerten Becken wird das Quellwasser gesammelt. Schon im Altertum gab es in der Oase an die 2000 Brunnen, von denen viele Thermalwasser lieferten; aber nur ein Drittel der Quellen enthält Trinkwasser.

202–203 Die Salzseen und Lagunen, welche die Oase umgeben, sind die Reste eines ausgedehnten Meeres, das vor Millionen Jahren Nordafrika bedeckte.

204–205 Die Palmenhaine der Oase Siwa umschließen die Ruinen eines Amun geweihten Orakeltempels aus der Sechsundzwanzigsten Dynastie.

205 oben Über den Ruinen der antiken Oasenhauptstadt Aghurmi erhebt sich auf einem Felsen der Orakeltempel Amuns.

205 unten Der Gebel el-Mawtra mit Felstempeln aus saitischer und ptolemäischer Zeit. Hinten Shali mit dem Bergkegel, dessen Zitadelle der Regen zerstört hat.

206–207 Die Ruinen des Orakeltempels, den Alexander der Große aufsuchte, als er sich 331 v. Chr. als Sohn des Zeus-Ammon bestätigen ließ.

208–209 Außerhalb der Oase von Siwa befindet man sich in der Wildnis der Libyschen Wüste mit schroffen Erhebungen und tiefen Einschnitten.

210 oben Das Tal der Goldenen Mumien in Baharija. Ausgrabungen in jüngster Zeit haben eine unterirdische Nekropole aus griechisch-römischer Zeit freigelegt mit Hunderten Mumien, von denen viele vergoldete Totenmasken trugen.

210 unten Grüne Flecken zwischen ockergelben und schwarzen Dünen kündigen die Oase Baharija an, die ein Wall aus Hämatit, Basalt und Quarz umgibt.

210–211 Bawiti ist mit 30 000 Einwohnern der größte Ort der Oase Baharija, die hauptsächlich vom Dattelanbau lebt.

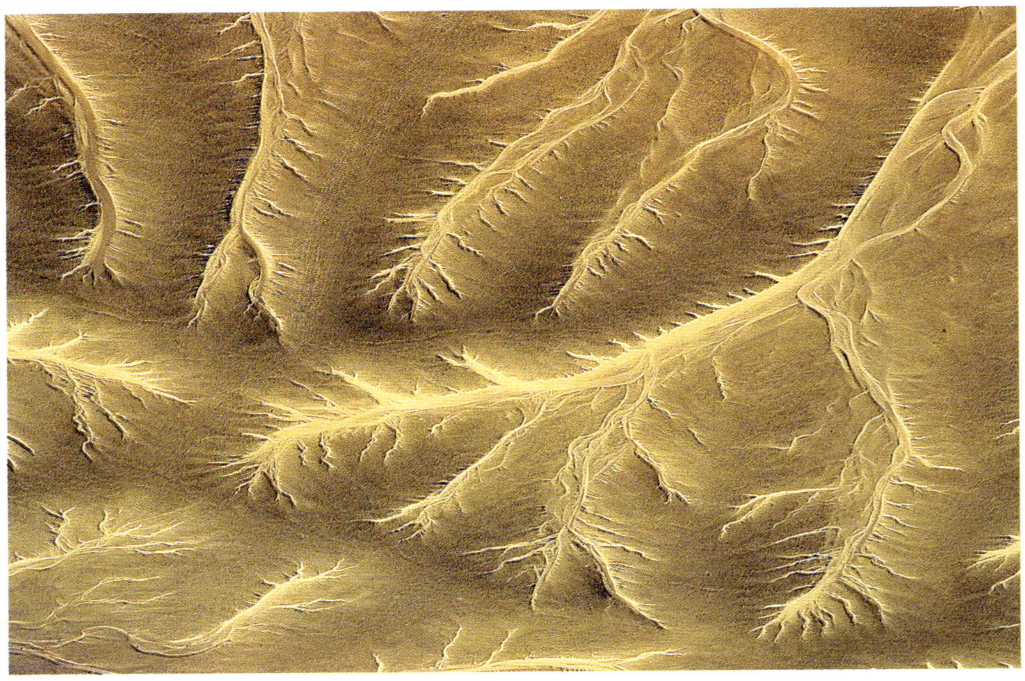

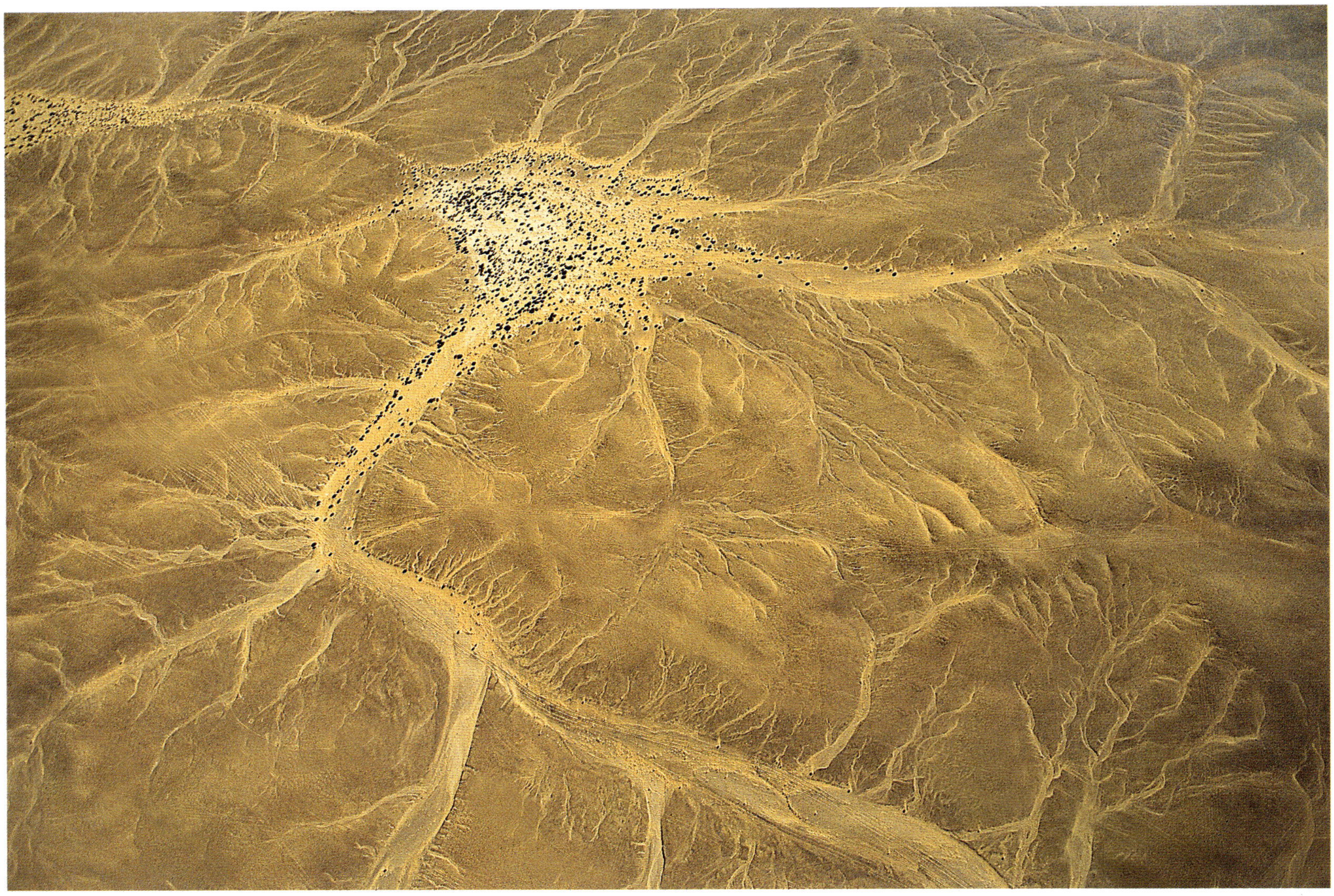

212 Die Verästelungen der Wadis im Norden von Baharija umgeben die an der Oberfläche zu Tage tretenden schwarzen Quarzitlager wie ein surrealistisches Spinnennetz.

213 Fremdartig und wie nicht von dieser Welt wirkt die von ausgetrockneten Wasserläufen durchzogene Wüstenlandschaft westlich von Baharija.

214 Dünen aus feinem gelben Sand umgeben Baharija und werden vom Wind immer weiter in die Wüste hinausgeweht.

215 Die Dünen südlich von Baharija wechseln mit unregelmäßigen Kalksteinflächen ab, ersten Vorboten der Weißen Wüste.

216–217 Ständig durch die wandernden Dünen bedroht, haben die Oasenbewohner ihre Häuser mit Lehmziegelmauern umgeben und kleine Oasen innerhalb der großen geschaffen.

218–219 Auf dem Flug nach Süden Richtung Farafra mischen sich weiße Bergkuppen zwischen das Ockergelb der Wüste.

220 und 221 Die Weiße Wüste bei der Oase Farafra liegt auf einem Kalksteinmassiv aus der Kreideformation. Die flachen Schichten sehen aus wie verschüttete weiße Farbe.

222 und 223 Als sich das Meer von hier zurückzog, hinterließ es Schichten aus Kalk- und Sandstein, die von Wind und Sand ausgeschliffen wurden.

224 und 225 Wie weiße Lavaströme ergießen sich die Kreideflächen über Sand und Felsen der Wüste.

226 und 227 Wie Bilder von einem anderen Planeten wirken die Luftaufnahmen der erodierten Kalksteinerhebungen über dem flachen Sand. Wind und Sand haben Gebilde geschaffen, die teilweise an surrealistische Skulpturen erinnern.

228–229 Das fantastische Meer aus hellen Kalksteinfeldern, das die Oase Farafra umgibt.

230–231 Farafra ist die kleinste Oase in der Westlichen Wüste und wird vorwiegend von Beduinen bewohnt. Große Grundwasserreserven ermöglichten das »Neue-Tal-Projekt« zur Erschließung von Agrarland.

232 Ein Streifen kultivierten Landes am Ostrand der Oase El-Faijum ragt in den Qarun-See hinein und bildet einen krassen Gegensatz zu den Sanddünen im Hintergrund.

232–233 El-Faijum, 100 Kilometer südwestlich von Kairo, gilt als die größte und fruchtbarste Oase Ägyptens. Etwa ein Fünftel der Fläche nimmt der Qarun-See ein. Im Süden der Oase wird jeder Quadratmeter Boden als Anbaufläche für die Landwirtschaft genutzt, und dahinter grenzt übergangslos die Westliche Wüste an.

234 Im nie endenden Kampf mit der Wüste versandet der Qarun-See allmählich. Am Westzipfel ist das Vordringen der Dünen deutlich sichtbar.

235 oben Der Qarun-See liegt 45 Meter unter Meereshöhe. Er bildet ein Bollwerk zwischen den Anbaugebieten und der Wüste, aber wegen des hohen Salzgehalts ist das Wasser für die Bewässerung ungeeignet.

235 unten Medinet el-Faijum, die größte Stadt der Oase, ist von grünen Feldern umgeben und wird vom Josephskanal (Bahr Jusuf) durchschnitten, einem Seitenarm des Nils, der im Qarun-See endet.

236 Im Wüstengebiet südlich von Medinet el-Faijum stehen mehrere koptische Klosterbauten, darunter das Kloster des Erzengels Gabriel.

236–237 Die ausgedehnte Klosteranlage von Sankt Samuel im Wüstensand südlich von El-Faijum.

238 Südwestlich von Medinet el-Faijum liegt in Medinet Madi auf dem Ruinenfeld Narmuthis der Tempel des krokodilköpfigen Wassergottes Sobek und seiner Partnerin, der Kobragöttin Renenutet.

239 oben Der Tempelkomplex wurde von Amenemhet III. und seinem Sohn und Nachfolger in der Zwölften Dynastie erbaut und unter den Ptolemäern und Römern erweitert.

239 unten Reste der Sphingen- und Löwengestalten an dem zum Tempeleingang hinaufführenden Prozessionsweg.

240 oben Blick auf die Ptolemäerstadt Tebtunis. Hinten der Sobek-Tempel, wo man viele demotische und griechische Papyri gefunden hat.

240 unten Zwei Löwenfiguren vor dem Sobek-Tempel von Tebtunis.

241 Von den Löwenfiguren, die den Aufweg zum Tempel säumten, sind nur noch diese beiden übrig.

242–243 Mineralhaltige Salze färben den großen See bei Medinet Dimai nördlich vom Qarun-See.

SINAI UND ROTES MEER

Da nun Mose seine Hand reckte über das Meer, ließ es der Herr hinwegfahren durch einen starken Ostwind die ganze Nacht und machte das Meer trocken; und die Wasser teilten sich voneinander. Und die Kinder Israel gingen hinein, mitten ins Meer auf dem Trockenen; und das Wasser war ihnen für Mauern zur Rechten und zur Linken. Und die Ägypter folgten und gingen hinein ihnen nach, alle Rosse des Pharaos und Wagen und Reiter mitten ins Meer. ... Also stürzte der Herr sie mitten ins Meer, dass das Wasser wiederkam und bedeckte Wagen und Reiter und alle Macht des Pharao, die ihnen nachgefolgt waren ins Meer, dass nicht einer aus ihnen übrig blieb« (2. Mose, 14, 21–28).

Die Landmasse des Sinai besteht aus schroffen Berggipfeln, Wüsten aus Sanddünen und Felsformationen sowie fossilen Kreideküsten, wo gelegentlich Sträucher und Palmen gedeihen. Ablagerungen von Kalk- und Sandstein wechseln ab mit vulkanischem Granit und Basalt und erzeugen eine Farbenpalette aus erdigen und feurigen Tönen. In dieser abweisenden, aber ausdrucksvollen Landschaft erschien nach biblischer Vorstellung der Herr Moses als brennender Dornbusch und übergab ihm später die Zehn Gebote. Nur wo und wann sich das zugetragen haben soll, bleibt weiterhin eine viel diskutierte Frage.

Welchen Weg der Exodus genommen haben soll, ist genauso ungeklärt. Die Aufzeichnungen darüber widersprechen sich, und in ägyptischen Berichten findet man kein Wort darüber, weil dieses Ereignis die Kinder Amun-Res wenn überhaupt dann nur am Rand tangierte. Das Geschehen mag sich während der Regierungszeit Ramses' II. oder seines Nachfolgers Merenptah (Neunzehnte Dynastie) zugetragen haben, jedenfalls vor 1250 vor unserer Zeitrechnung, als Jericho erobert wurde und Moses bereits tot war. Die wundersame Durchquerung des *yam suf* – des Schilfmeeres – fand vermutlich nördlich des Roten Meers statt, irgendwo beim Großen Bittersee oder vielleicht sogar an der Mittelmeerküste nahe dem Bardawil-See. Fest steht jedenfalls, dass die Israeliten auf den Sinai gelangten.

Im Süden der Halbinsel, im Herzen einer faszinierenden Gebirgslandschaft, ragt der 2285 Meter hohe Mount Sinai (Gebel Musa) in den Himmel, von dem man heute sicher ist, dass es sich um den Berg Horeb im Alten Testament handelt, wo Moses die Gesetzestafeln erhielt. Auf den Granitfelsen des Gipfels stehen eine kleine Kapelle, die der Heiligen Dreifaltigkeit geweiht ist, und die Reste einer kleinen Moschee, von der überliefert ist, dass sie über der Höhlung errichtet wurde, wo Moses sich 40 Tage lang fastend aufhielt und die Gesetzestexte niederschrieb. Talwärts liegt, von hohen Felszacken umgeben, ein grünes Plateau unter Zypressen und Olivenbäumen, wohin sich der heilige Stephan zurückgezogen haben soll.

Das Katharinenkloster am Fuß des Mosesbergs, das als der heiligste Ort des Sinai gilt, steht der Überlieferung zufolge an der Stelle, wo Moses den brennenden Dornbusch erblickte. Die Gründung der griechisch-orthodoxen Mönchsklause im Jahr 330 wird der frühchristlichen Kaiserin Helena zugeschrieben. Dreihundert Jahre später ließ der byzantinische Kaiser Justinian hier eine Kirche und Klosterfestung errichten. Die verschachtelten oder durch Korridore verbundenen Gebäude auf dem Klosterareal sowie die Basilika sind von einer burgartigen hohen Mauer mit Wehrgängen umgeben. Die aus dem 12. Jahrhundert stammende Moschee vor der Kirche der Verklärung vertritt die dritte Glaubensrichtung im Kloster, den Islam, der Moses und Jesus als von Gott gesandte Propheten vor der Zeit Mohammeds anerkennt. Die Klosterbibliothek enthält eine Sammlung wertvoller Handschriften, deren Bedeutung nur von den vatikanischen Archivalien übertroffen wird.

Die sterblichen Überreste der heiligen Katharina, die in Alexandria den Märtyrertod starb, sollen von Engeln auf den Mosesberg getragen worden sein. Dort fanden sie die Mönche, brachten sie ins Kloster und bestatteten sie in der Basilika. Während der Kreuzzüge verbreitete sich die Katharinenverehrung auch in Europa, und das Kloster wurde, neben Rom und Jerusalem, einer der berühmtesten Wallfahrtsorte der Christenheit.

Neben Spuren seiner religiösen Vergangenheit findet man im wilden Land des Sinai viele weitere Hinweise auf eine bewegte Geschichte. Auf Grund seiner geografischen Lage war es von Anbeginn an ein natürliches Bollwerk zwischen Ägypten und dem Nahen Osten, zugleich auch Brücke zwischen den Kulturen, Fluchtburg der Verfolgten und Zankapfel der Herrschenden.

Die jüngste Geschichte des Suezkanals und der Sinaihalbinsel ist von den Auseinandersetzungen zwischen Ägypten und Israel geprägt. Diese konnten 1978 unter Federführung der Vereinten Nationen im Friedensvertrag von Camp David beigelegt werden. Noch heute sind neutrale Beobachter auf dem Sinai stationiert, um über die Einhaltung des Vertrages zu wachen und freien Schiffsverkehr an der Mündung des Golfs von Akaba zu gewährleisten.

Die Heerstraßen von einst dienen auch heute noch militärischen Zwecken. Südlich des Bardawil-Sees im Lagunengebiet an der Mittelmeerküste liegen die Ruinen der befestigten Stützpunkte am »Pfad des Horus«, einer der antiken Heer- und Handelsstraßen, die das Niltal mit Kleinasien verbanden. Ägypter, Perser, Griechen, Araber und viele andere Völker, deren Wanderungen die Geschichte des Mittelmeerraums prägen, zogen hier durch.

Weiter südlich bergen die tiefen Geländeeinschnitte des Westlichen Tals zwischen dem Wadi Nasb und dem Wadi Maghara ausgedehnte Lagerstätten von Türkisen, Kupfer und Malachit, die schon in der frühen Antike die Begehrlichkeit der Herrschenden auf sich zogen.

244 Yolanda Reef und Shark Reef vor der Südspitze der Sinaihalbinsel sind 20 bis 30 Meter tief. Die starke Strömung und Haie machen das Tauchen in diesem Gebiet zu einem riskanten Unternehmen.

Die Ägypter haben dieses trostlose Gebiet nie wirklich kolonisiert, aber es gibt viele Anzeichen dafür, dass sie seine Bodenschätze ausbeuteten, besonders in der Gegend von Serabit el-Khadim, wo die Ruinen des berühmten Tempels »Lady of Turquoise« liegen, welcher der Hathor geweiht war. Nahebei stößt man auf verfallene Gruben, Erzschmelzen und das Dorf der Arbeiter. Zeichnungen und Inschriften bedecken die Wände der Schluchten und erzählen vom Bergbau in dieser Gegend, der in der Dritten Dynastie einsetzte und mit wenigen Unterbrechungen bis ins ausgehende Neue Reich betrieben wurde.

Das Außergewöhnliche am Sinai ist, dass sein an biblischen und historischen Bezügen reiches archäologisches Erbe, auch wenn es im Vergleich zu den großen Monumenten im Niltal bescheiden wirkt, durch die majestätische Atmosphäre seiner Umgebung geadelt wird. Ein anschauliches Beispiel bietet das Wadi Feiran, das den Golf von Suez mit dem Katharinenkloster verbindet. Es ist der größte Graben der Halbinsel und windet sich zwischen dem Felsengebirge hindurch, dessen höchste Erhebung der Gebel Serbal ist. In der begrünten Oase am Fuß dieses Berges liegen Ruinen, Kirchen, die Gräber von Christen und Muslimen und kleine Klöster. Dichte Palmenhaine wechseln ab mit Tamarinden, die den bescheidenen Hütten Schatten bieten. Hier leben die Angehörigen eines der vielen Beduinenstämme, die den Sinai bevölkern.

Der östliche Teil der Halbinsel wartet mit anderen Überraschungen auf wie dem Coloured Canyon, einem langen Tal, das ein längst ausgetrockneter Fluss in die Sandsteinschichten geschnitten hat. Die in warme Rottöne getauchten Felswände öffnen und verengen sich bis zu einer Stelle, wo die Schlucht nur noch knapp einen Meter breit ist. Beim Flug über das Felsengebirge östlich des Katharinenklosters wird der Blick von einer ungewöhnlichen Färbung der Wüste angezogen, einem himmelblauen Fleck inmitten von Ockergelb. Der Ort heißt Blue Valley, wo ein belgischer Künstler in den 1980er-Jahren Felsblöcke mit der Farbe des Friedens bemalte, um dem Ende der kriegerischen Auseinandersetzungen zwischen Ägypten und Isreal zu gedenken.

Die fantastische Welt des Sinai aus Sand und Stein ist umgeben von weißen Stränden und steilen Klippen, welche die Grenze zu einem Paradies unter Wasser bilden. Das ist die andere Seite der natürlichen Schönheit des Landes und Schwerpunkt seiner touristischen Attraktivität.

Auf 2500 Kilometer Länge trennt das warme, saubere Wasser des Roten Meers die Küste Afrikas von der Arabischen Halbinsel. An der Südspitze des Sinai spreizen zwei Arme ab, der Golf von Akaba und der Golf von Suez, und bilden eine Meereslandschaft aus versteinerten Korallen, zwischen denen sich Tausende Arten von Fischen tummeln. Das Rote Meer verdankt seine Entstehung dem langsamen Auseinanderdriften der Arabischen und der Afrikanischen Platte, wodurch ein tiefer Graben entstand, der sich mit Wasser aus dem Indischen Ozean füllte. In diesen gelangt man vom Roten Meer durch die Meerenge von Bab el-Mandeb. Totz dieser Verbindung gilt das Rote Meer als eigenständiges Gewässer, und obwohl es aus Sicht der Biologie zum Indischen Ozean gehört, ist die Meeresfauna zu 20 Prozent endemisch.

Das pflanzliche und tierische Leben im Golf von Suez hat unter dem Schiffsverkehr durch den Suezkanal stark gelitten, aber die Küsten am Golf von Akaba, der bis zu 1800 Meter tief ist, bieten herrliche Unterwasserlandschaften mit Korallenriffen und tropischen Fischarten, deren bizarre Formen und leuchtende Farben überraschen und begeistern.

Um dieses Paradies im Gebiet von Sharm el-Sheikh an der Südspitze des Sinai vor den nachteiligen Auswirkungen des Fremdenverkehrs zu schützen, hat man den Ras Mohammed Marine Park angelegt, der 1991 als erster ägyptischer Nationalpark eröffnet wurde. Ras Mohammed ist das Kap einer ins Meer hineinragenden schmalen Landzunge. Sie ist von einem Korallenriff übrig geblieben, das sich vor etwa 70 Millionen Jahren aus dem Tethys-Meer erhob, das vom Mittelmeer bis Südostasien reichte. Die Buchten und Einschnitte entlang der zerklüfteten Küste bieten ein ständig wechselndes Bild aus grünen Mangrovensümpfen, türkisfarbenen Lagunen, dunkelblauem Meer und Korallenbänken, an denen sich die Wellen in allen Schattierungen von Blau brechen.

Unter Wasser liegen ausgedehnte Riffe aus versteinerten Korallen, entweder dicht unter der Oberfläche in Terrassen angeordnet oder steil abfallend bis zu 100 Meter Tiefe. Zwischen rosa, roten und goldfarbenen Korallen, Seeanemonen und anderer tropischer Meeresflora schwimmen und schweben Fische der unterschiedlichsten Arten in allen erdenklichen Farben. Früher lebten zwischen den Riffen an der Südspitze des Sinai auch Haifische, aber man sieht sie nur noch selten.

Das interessanteste Gebiet für Taucher und Schnorchler liegt wenige Kilometer östlich des Nationalparks in Sharm el-Sheikh, das sich aus einem kleinen Fischerdorf entwickelt hat. Innerhalb weniger Jahre hat es sich entlang der Küste bis Naama Bay ausgedehnt. An der Uferpromenade reiht sich ein Hotel ans andere; dazwischen stehen Feriendörfer und Einkaufszentren.

Bei Ras Nusrani liegt der Flughafen von Sharm el-Sheich und gegenüber, im Roten Meer, die Insel Tiran. Mit ihren vier Korallenriffen und einem Reichtum an Farben und Meeresbewohnern bildet sie das Juwel des Gebiets. Wegen der starken Strömung ist Tauchen und Schnorcheln kein reines Vergnügen, andererseits werden dadurch für die Fische günstige Umweltbedingungen geschaffen, und wenn man Tiefseefische beobachten möchte, ist das der richtige Ort. An den beiden äußeren Riffen liegen mehrere Schiffswracks, die an der Nordseite havariert sind.

Auf dem Flug an der Küste entlang nach Norden kommt man nach Dahab, das gern von jungen Touristen besucht wird, die auf großen Komfort keinen besonderen Wert legen und sich mit den preiswerten Einrichtungen des Beduinendorfs begnügen. Die besseren und auch teureren Hotels liegen im Touristenzentrum an der südlichen Bucht.

Ort und Oase sind nach Westen hin von hohen Bergen und Wüstenstrichen umgeben, wie man sie beispielsweise am Wadi-Nasib-Pass findet. Bei Dahab ist der Golf mit 28 Kilometern am breitesten. Die Strände und Korallenbänke an der Küste stehen unter Naturschutz. Eine Herausforderung für geübte Taucher – Anfänger sollten sich davor hüten – ist das Blue Hole etwa zehn Kilometer nördlich von Dahab. Hier kann man durch ein 80 Zentimeter breites Loch im Riff bis 50 Meter in die Tiefe tauchen, wo bunte Schwämme an den Klippen wachsen.

Weiter im Norden liegen die Wohngebiete Nuweiba el-Tarabin, über das eine alte arabisch-ottomanische Festung wacht, und Nuweiba el-Muzeini zu beiden Seiten eines breiten Wüstenstreifens, wo der Anblick von Kamelherden nichts Ungewöhnliches ist.

Die großartige Landschaft im Hinterland der Küste bietet reizvolle Alternativen zum Wassersport. Hier kann man Oasen erforschen und sich mit den Gebräuchen der Beduinen vertraut machen, die zwischen Sand und Bergen leben.

Beduinendörfer sind im letzten Abschnitt der ägyptischen Küste vor der Grenze zu Israel besonders zahlreich. Bucht folgt auf Bucht, und dazwischen liegen Flächen aus Geröll, das aus den Bergen an die Küste geschwemmt wurde. In der Grenzstadt Taba gibt es inzwischen mehrere Hotels, nachdem der Ort früher eigentlich nur aus dem Hilton bestand. Sein Hauptanziehungspunkt ist die Pharaonensinsel mit einer alten Kreuzritterburg über den Klippen der Korallenriffe.

An der afrikanischen Küste des Roten Meers haben die starke Strömung und gefährliche Klippen im Lauf der Jahrhunderte zu zahllosen Schiffshavarien geführt. Viele der Wracks sieht man noch in nur wenigen Metern Tiefe auf Grund liegen. Durch die Gubalstraße an der Golfmündung kann man zu ihnen hinausfahren und hinabtauchen.

Das schon zu Zeiten der Ptolemäer besiedelte Hurghada liegt 600 Kilometer südlich von Kairo und hat sich in den letzten Jahren zu einem beliebten Touristenzentrum entwickelt. Im Landesinnern sieht es noch aus wie damals, als die Römer ins Gebirge kamen, um den weiß und rot gefleckten Porphyr zu brechen, den ihre Kaiser als Baumaterial schätzten. Das tiefe Blau des Meeres wird durch das klare, helle Wasser kilometerlanger Lagunen unterbrochen, und an den steil in die Tiefe abfallenden Klippen leuchten bunte Korallen.

Weiter im Süden liegt die breite Buch von Quseir, wo im Mittelalter die Mekka-Pilger an Bord gingen, um das Rote Meer zu überqueren. Hier ist der Meeresgrund sandig, gelegentlich auch durchzogen von Riffen aus schwarzen Korallen, die bis zur Insel Safaga reichen.

Am Südende des Rotes Meers sind die Riffe an der ägyptischen Küste weniger abwechslungsreich als weiter im Norden, aber vor der Küste und um die Inseln besteht der Meeresgrund aus riesigen Terrassen von Korallen, die ein ideales Umfeld für tropische Fische, Schildkröten, Barrakudas und verschiedene Arten von Tiefseefischen, darunter der Furcht einflößende Hammerhai, schaffen.

Eine der Perlen dieses Gebiets nahe der Grenze zum Sudan ist die Insel Zebirget, das berühmte »Topazos« Plinius' des Älteren, wo die geheimnisvollen »Smaragde der Nacht« gewonnen wurden. »Smaragde der Nacht« sind Olivine von gelbgrüner Farbe, die in der Dunkelheit leuchten. Bei den Pharaonen waren sie ebenso begehrt wie später bei den Römern, und Kreuzfahrer brachten sie nach Europa, wo man den Steinen wundertätige Kräfte nachsagte und sie dem heiligen Matthäus als Attribut zuordnete. In der Heraldik ist der Olivin der Stein der Treue und des Edelmuts.

Das trostlose, lunare Erscheinungsbild der Insel und das Zutagetreten eines Minerals aus den Tiefen der Erdkruste – Peridotit – legen die Vermutung nahe, dass das Eiland durch die Bewegungen der Kontinentalplatten aus dem Erdinnern in die Höhe gedrückt wurde. 1998 wurde es unter Naturschutz gestellt und beherbergt große Kolonien von Seevögeln. In Sommernächten kriechen Schildkröten an Land und legen ihre Eier ab. Unter der Meeresoberfläche ragen fantastisch geformte Türme und Kuppeln aus Korallen empor, zwischen denen tropische Fische, Polypen und viele Arten Stachelhäuter und Mollusken leben.

Wie auch in anderen Teilen des Roten Meers, ist der Schutz der Insel das Ergebnis verstärkter Bemühungen zur Bewahrung der Umwelt und des Artenreichtums, ohne die es auf Dauer nicht mehr möglich wäre, Flora und Fauna der Meere in ihrem natürlichen Gleichgewicht zu halten.

Dank der Fähigkeit, sich aus eigener Kraft zu erneuern, bilden die Korallenriffe eines der widerstandsfähigsten Ökosysteme der Natur. Voraussetzung dafür ist allerdings ein intaktes Gleichgewicht zwischen Koralle und Meeresbewohnern. Aus diesem Grund sollten sich Touristen über die strengen Auflagen durch die Behörden hinaus für die Umwelt des Gastlandes verantwortlich fühlen, damit hoffentlich auch nachfolgende Generationen sich an den natürlichen Schönheiten erfreuen können.

248–249 Wasser, Himmel und Land bieten ein prächtiges Farbenspiel an der Küste des Roten Meers bei Ras Gharib, nördlich von Hurghada.

250 Die Küste an der Landzunge von Ras Gemsa ragt weit in die Gubalstraße hinaus. Die Korallenbank wird von Inseln und Kanälen durchbrochen.

251 Das Korallenriff nördlich von Hurghada. Die Korallenformationen auf dem Meeresgrund bilden klar umrissene geometrische Muster, die sich fortwährend ändern.

252–253 Die in ständigem Wandel begriffene Welt der Korallen in der Gubalstraße. Die Barriere besteht aus mehreren Riffen, deren Aussehen von der Beschaffenheit des Meeresgrundes, des Lichts und der Wassertemperatur bestimmt wird.

254–255 Hotelkomplexe haben das Bild der Küste des Roten Meers von Hurghada bis zum 20 Kilometer nördlich gelegenen El-Gouna drastisch verändert. Wasser und Meeresboden sind weitgehend verschont geblieben, aber die Meeresfauna leidet dort, wo sich der Tauchsport konzentriert.

255 oben Der Leuchtturm auf der Insel Ashrafi vor Ras Gemsa, wo der Golf von Suez ins Rote Meer mündet, liegt nur knapp über der Wasseroberfläche.

255 unten Unter Wasser liegende Steilwände, an denen Korallenarten wie Alcyonaria und Gorgonia wachsen, und breite Sandbänke charakterisieren die Insel Giftun vor Hurghada.

256 Das gestrandete Wrack der *Hedoromo Million Hope* ist nur eines von vielen Schiffen, die vor der Küste von Naqb havarierten.

257 oben Die Mangrovensümpfe im Gebiet von Naqb, nördlich von Naama Bay. Um die Umwelt in ihrem natürlichen Zustand zu erhalten, wurde dieser Küstenabschnitt unter Naturschutz gestellt.

257 Mitte Mangrovenbäume sind in der Lage, Meerwasser aufzunehmen und das Salz über das Laub auszuscheiden. Ihre Pfahlwurzeln verdichten den Küstenboden und schützen ihn davor, weggespült zu werden.

257 unten Die Oasen und Lagunen des Naqb-Nationalparks sind ein Paradies für Vögel, darunter Reiher, Störche und Fischadler.

258–259 Das Alternative Reef vor der Westküste der Landzunge Ras Mohammed an der Südspitze der Sinaihalbinsel. In diesem Gebiet sind die Korallenbänke besonders ausgedehnt, und das Meeresleben ist ungewöhnlich vielfältig.

260 Die Ostküste von Ras Mohammed nahe Ras Atar. Das Korallenriff fällt hier fast 45 Meter tief zum Meeresboden ab und beherbergt viele Kolonien von Gorgonaria.

261 oben Ein Kanal trennt Mangrove Island von der Landzunge. Mangroven filtern das Meerwasser und geben die Salzkristalle über die Blätter ab.

261 unten Der Nationalpark Ras Mohammed ragt zwischen dem Golf von Suez und dem Golf von Akaba ins Rote Meer hinaus.

262–263 Die Landzunge von Ras Mohammed besteht aus den Resten eines Korallenriffs, das sich 50 Meter über die Wasseroberfläche erhebt.

264–265 Anemone City zwischen Shark Reef und der Mündung der Hidden Bay ist eine Korallenbank mit einer dichten Bevölkerung von Seeanemonen.

266 oben Ein Teppich aus Häusern und Hotels bedeckt die Ostklippe von Sharm el-Moya. Im Hintergrund der Leuchtturm von Ras Umm Sidd. Vor der Küste liegt eine ausgedehnte Korallenbank, vor allem westlich des Leuchtturms.

266 unten In der Bucht von Sharm el-Sheikh liegt ein Stützpunkt der Küstenwache und der internationalen Streitkräfte.

266–267 Der erste Stadtkern, aus dem das größte Touristikgebiet auf der Sinaihalbinsel werden sollte, Sharm el-Sheikh, wurde an der Bucht von Sharm el-Moya errichtet.

268–269 Die breite Naama-Bucht liegt wenige Kilometer nördlich von Sharm el-Sheikh, dem größten Touristikzentrum des südlichen Sinai.

270–271 Die Küste zwischen Sharm el-Sheikh und Naama Bay besteht fast durchgehend aus großflächigen Hotelanlagen, die vor allem Anhängern des Tauchsports vielfältige Möglichkeiten bieten. Rechts das Jolie Ville Mövenpick Golf Hotel & Resort.

272–273 unten Das herrliche Gordon Reef, die südlichste der vier Korallenbänke in der Straße von Tiran zwischen der gleichnamigen Insel und der Spitze von Ras Nasrani. Am Nordufer liegt das Wrack eines auf Grund gelaufenen Frachters.

274–275 und 275 oben Die Insel Tiran mit der kleineren Insel Sanafir an der Mündung des Golfs von Akaba zwischen der Küste der Sinaihalbinsel und Saudi-Arabien, zu dessen Staatsgebiet sie gehört.

275 unten Eine Korallenbank und tiefe Landeinschnitte sind charakteristisch für die Küste der Insel Tiran. Dank ihres geschützten Ökosystems ist das Eiland eine unberührte Oase der Natur.

276–277 Wegen ihrer Lage an der Mündung des Golfs von Akaba ist die Insel Tiran von großer strategischer Bedeutung.

278 oben Vom Beduinendorf Assalah blickt man auf die Bucht von Ghazala, nördlich von Dahab. Hier hat der Tourismus erst kürzlich Fuß gefasst und bietet interessante Alternativen, besonders für Leute, denen die großen Hotels zu teuer sind.

278 unten Hotels und Ferienanlagen in Dahab. Die Einrichtungen sind zumeist bescheidener als anderswo am Roten Meer, aber die Möglichkeiten für Taucher und Schnorchler sind ebenso vielfältig.

278–279 Die Bucht El-Qura in Dahab ist ein Ferienparadies für Windsurfer. Auch der Tauchsport lohnt sich, denn die Riffe sind reich an Meeresfauna.

280 Das Felsengebirge im Südwesten des Sinai nahe El-Tor. Viele Wadis führen aus den Bergen direkt in den Golf von Suez.

281 Im Tal des Wadi Feiran liegt die gleichnamige Oase aus Palmen, die größte auf dem Sinai. Hier machten die Pilger auf der Reise zum etwa 60 Kilometer entfernten Katharinenkloster Rast.

282–283 Die Wüstenlandschaft im Gebiet von El-Tor an der Spitze des Sinai besteht aus Korallenablagerungen aus dem Quartär.

284–285 Das Katharinenkloster wurde am Fuß des Gebel Musa (Mosesbergs) gegründet, auf dem der Herr Moses als brennender Dornbusch erschienen sein soll.

286–287 Das diffuse Licht der Morgenröte lässt die schroffen Felsen des Gebirges im Landesinnern der Sinaihalbinsel sanfter erscheinen.

ÄGYPTEN AUS DEM ALL

Text: Giulio Melegari Mazzoni
Fotos: NASA

Die frühesten kartografischen Dokumente in Form einfacher und teilweise unvollständiger Landkarten, die wir kennen, wurden von Ägyptern angefertigt. In den Gebieten, die auf den folgenden Satellitenaufnahmen dargestellt sind, hatte der Mensch zum ersten Mal die Fähigkeit entwickelt, Ausdehnung und Beschaffenheit der Erdoberfläche zu vermessen und aufzuzeichnen, um Reisenden die Möglichkeit zu geben, bereits erkundeten Routen zu folgen. Lange vor der Erfindung der Fotografie war die Kartografie zu einer exakten und objektiven Wissenschaft geworden und diente unterschiedlichen militärischen, politischen, wirtschaftlichen und wissenschaftlichen Zwecken, für die geografische, chronografische und topografische Landkarten erforderlich waren.

Ein kartografisches Dokument ist ein flacher Bildträger mit der verkleinerten, annähernd genauen und symbolhaften Wiedergabe von Teilen der Erdoberfläche, wobei man dreidimensionale Formen einer konvexen Fläche in ein zweidimensionales Bild umsetzt. Die Weiterentwicklung früher Techniken unter Verwendung der traditionellen Methoden topografischer und trigonometrischer Messverfahren hat zur Konstruktion von Grund- und Aufrissen aus fotografischen Luftbildern geführt und in jüngster Zeit zu GIS-(Geographical Information System) Methoden auf Grundlage der Satellitenfotografie.

Topografie und Kartografie im herkömmlichen Sinn schaffen ein Bündel an Informationen und Messergebnissen, das alle für den Benutzer einer Landkarte wichtigen Aussagen zu einer grafischen Zeichnung verdichtet. Fotografische Aufnahmen aus großer Höhe geben die Wirklichkeit zwar nur in einem sehr kleinen Maßstab wieder, aber das Bild ist nicht mehr flach, annähernd oder symbolisch. Die Auflösung der Satellitenaufnahmen richtet sich jeweils nach ihrem Verwendungszweck und danach, wie stark sie vergrößert werden sollen. Man kann Objektive mit verschiedenen Brennweiten einsetzen und bestimmte chromatische, morphologische und andere Eigenschaften hervorheben oder unterdrücken. Die intuitive und perzeptive Unmittelbarkeit einer Satellitenaufnahme, die das unverzerrte Bild eines Gebietes ergibt, liefert eine Momentaufnahme aller Eigenschaften, die, wollte man sie geografischen, physikalischen, politischen, historischen oder geologischen Landkarten entnehmen, genaue und Zeit raubende Berechnungen erfordern würden.

Ägypten einschließlich der Sinaihalbinsel sowie die angrenzenden Gebiete der Arabischen Halbinsel, des Roten Meers und des Golfs von Aden waren Schauplatz einander ablösender Ereignisse in der Geschichte sowohl der Menschheit als auch des Planeten Erde vor der Ankunft des Menschen. Das Auseinanderdriften von Arabien und Afrika und die Entstehung des Roten Meers und des Golfs von Aden im späten Känozoikum war von Erdbewegungen entlang des Grabenbruchs im Roten Meer begleitet, was extreme Verwerfungen und Risse zur Folge hatte, die sich an den chromatischen Kontrasten zwischen den Armen des Meeres, den geophysikalischen Eigenschaften der Gebirge und den Wüstengebieten unmittelbar beobachten lassen.

Ähnliche Farbunterschiede zeigen die Landmassen zu beiden Seiten des Niltals, wo sich über einen Zeitraum von 3000 Jahren das dynastische Ägypten ausbreitete.

Das Delta bildet einen gigantischen Fächer, der sich an der Küste auf eine Länge von rund 250 Kilometer ausbreitet und 160 Kilometer tief ins Binnenland hineinragt. Oberhalb des Deltas windet und schlängelt sich der Fluss durch gelben Wüstensand und braunes Felsengebirge, das von alten, längst ausgetrockneten Wasserläufen durchzogen ist.

Keine Landkarte der herkömmlichen Art kann mit einem Bild konkurrieren, welches das kontinentale Ägypten und die dazugehörige Halbinsel so eindrucksvoll als Teil des östlichen Mittelmeerraums zeigt, einschließlich der Auswirkungen der Erdkrümmung und der realistischen Wiedergabe der Oberflächenkonturen. Wir sehen die Östliche Wüste und die Westliche Wüste mit ihren Oasen, den Lauf des Nils, das Delta und den Suezkanal. Setzt man diese Bilder einer grandiosen Landschaft in Beziehung zur gesellschaftlichen und anthropologischen Geschichte des Landes, liefert die eingehende Beschäftigung mit ausgewählten Regionen die Grundlage für die genauere Beurteilung der Besonderheiten und Tatsachen, die im Zusammenhang mit Geografie, Urbanisation, Hydrografie, Geophysik und Geomorphologie des jeweiligen Gebiets interessant sind.

288 Der Blick nach Süden entlang der Küste des Roten Meers ist beeindruckend. Im Westen (links oben) erkennt man verschwommen einen Ausschnitt der Arabischen Halbinsel. Ganz rechts auf dem Bild der Lauf des Nils. Links des Flusses erstreckt sich die Östliche Wüste bis hinüber zum Meer.

290–291 Wie mit dem Lineal gezogen wirkt der Suezkanal unter einer aufgelockerten Wolkendecke. Unten die Mittelmeerküste von Norden gesehen, an der Kanalmündung Port Said und rechts, also westlich davon, das Nildelta.

292 oben Die Sinaihalbinsel und der nördliche Abschnitt des Roten Meers.

292 unten Der grüne Fächer des Nildeltas zwischen der Wüste an der Nordküste Ägyptens. Im oberen Bildteil sieht man deutlich die Insel Zypern und die türkische Mittelmeerküste.

292–293 Die Aufnahme aus dem Spaceshuttle zeigt fast ganz Ägypten mit der Westlichen (links unten) und Östlichen Wüste (jenseits des Nils), dem Niltal, dem Becken von El-Faijum, den Sinai, den Golf von Suez und Akaba sowie das Rote Meer.

294–295 Der nördliche Teil des Sinai mit dem Suezkanal aus nordöstlicher Richtung und das Nildelta mit den deutlich erkennbaren Hauptarmen des Nils: Damietta (links) und Rashid (rechts).

295 Vor der Küste zwischen Alexandria und Marsa Matruh lässt das Spiel des Lichts auf dem flachen Wasser die Sandbänke und Untiefen des Meeresbodens hervortreten.

296–297 Sandflächen und Gebirge der Östlichen Wüste unter leicht bewölktem Himmel. Links das Niltal, das Becken von El-Faijum und oben der Beginn des Deltas. Rechts erstreckt sich der Golf von Suez mit dem Suezkanal am oberen Ende.

297 Beim Blick nach Nordwesten entlang des Roten Meers erkennt man deutlich die tektonische Beschaffenheit des Einschnitts zwischen den Landmassen Ägyptens (links) und der Arabischen Halbinsel (rechts). In der rechten oberen Ecke die Sinaihalbinsel, links davon der Golf von Suez und weiter im Landesinnern das Niltal mit dem Delta. Am diesseitigen Ufer im Südabschnitt der großen Flussbiegung liegt Luxor.

298–299 Der Suezkanal. Im unteren Teil des Bildes sieht man Wüstenstriche mit einem Netz ausgetrockneter Flussläufe, die einst in den Golf von Suez mündeten.

299 An der Nordostküste des Sinai fällt das Gebirge zu einem Wüstenplateau ab, an das sich ein schmaler Küstenstreifen anschließt, der von Port Said im Westen bis nach Gaza im Osten reicht. Dem Land vorgelagert die Nehrungen und Lagunen der flachen Küste.

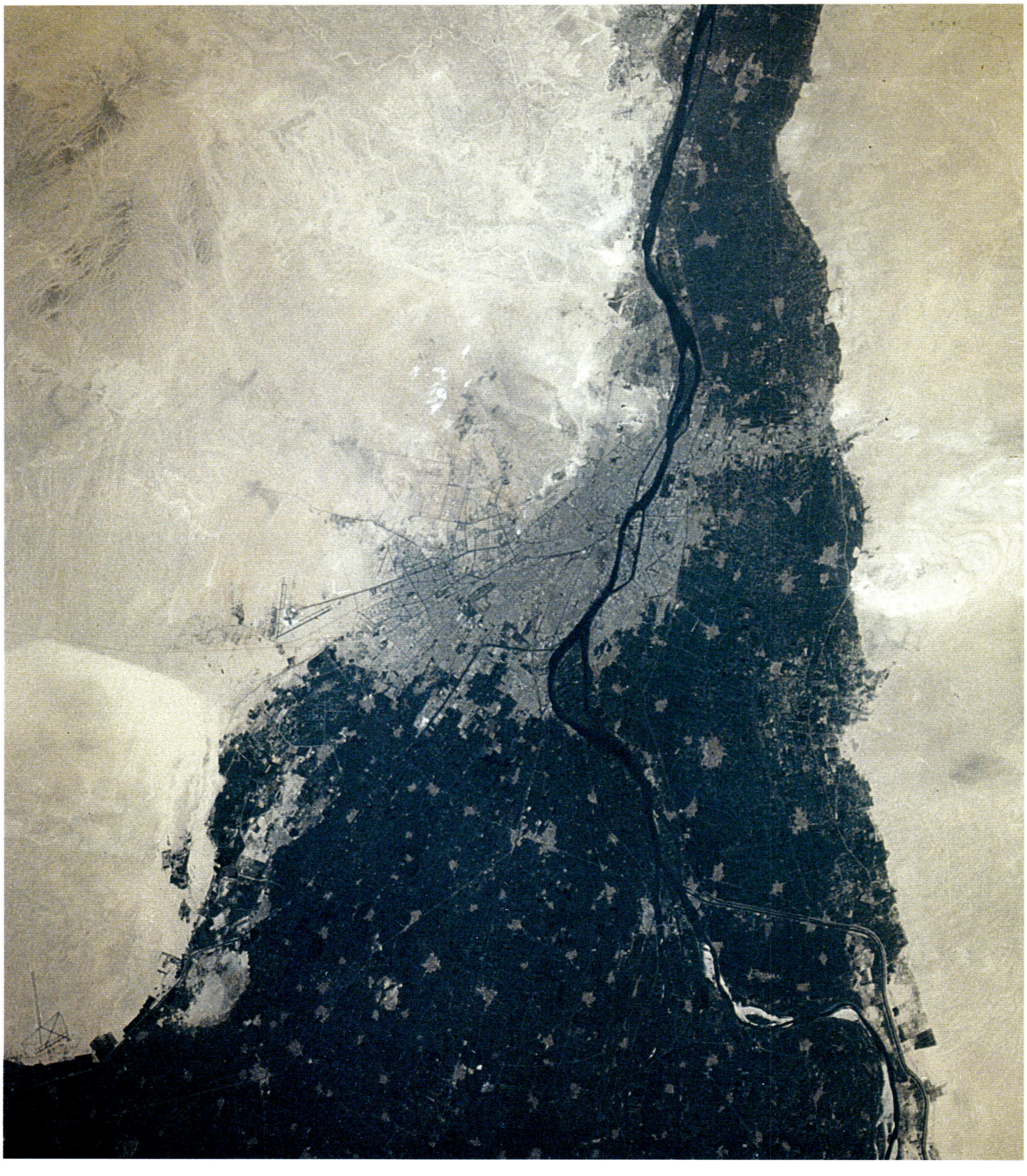

300 Kairo, hier von Norden aufgenommen, erstreckt sich entlang beider Ufer des Nils. In der größten Stadt auf dem afrikanischen Kontinent leben schätzungsweise 15 Millionen Menschen auf einer Fläche von über 200 Quadratkilometern.

301 Alexandria liegt im äußersten Westen des Nildeltas auf einem Küstenstreifen zwischen der Lagune Marijut und dem Mittelmeer. Je tiefer das Mittelmeer nach Norden hin wird, desto dunkler verläuft das Blau.

302–303 Die Sinaihalbinsel zwischen dem Golf von Suez (links) und Akaba (rechts). Unten in der Mitte die Korallenriffs und Inseln vor der Küste von Hurghada, rechts davon das Kap Ras Mohammed an der äußersten Südspitze des Sinai und weiter östlich die Inseln Tiran und Sanafir in der Mündung des Golfs von Akaba. Ganz links der Nil bis zum Delta und die Oase El-Faijum.

304–305 Die Sinaihalbinsel besteht aus Formationen des Präkambriums, darunter Gneiß, kristalliner Schiefer, Spuren von Granit, Amphibolit, Diorit und Syenit, die sich im Känozoikum durch verstärkte Bruchtektonik und die Ausbildung von Bruchschollen und Großgrabenzonen veränderten. Dabei erhielten die Berge und Gipfel im Südteil der Halbinsel ihr charakteristisches Aussehen. Die höchste Erhebung ist der Katharinenberg (Gebel Katherina) mit 2637 Metern Höhe. Östlich davon fällt das felsige, unzugängliche und unfruchtbare Gebirge zum Ufer des Golfs von Akaba hin ab. Das Wasser des Roten Meers erscheint in intensivem Blau, von dem sich die Gesteins- und Sandflächen von Ras Mohammed deutlich abheben.

305 Wüsteninseln, Sandbänke und Untiefen blockieren die Mündung der Gubalstraße, die in den Golf von Suez führt. Das Bild wurde von Westen aufgenommen und zeigt die Küste der Sinaihalbinsel (oben).

306–307 Die Tiranstraße mit der gleichnamigen Insel führt in den Golf von Akaba (oben Mitte), der sich an der Ostküste der Sinaihalbinsel nach Norden zieht. Rechts im Bild die Inseln Tiran und Sanafir. Zwischen dem Sinai-Ufer und Tiran liegen die Tiran-Riffe Gordon, Jackson, Thomas und Woodhouse. An der Küste des Sinai erkennt man den Flughafen von Sharm el-Sheikh (Bildmitte) und südlich davon Naama Bay und die Bucht von Sharm el-Moya mit der Stadt Sharm el-Sheich. Das Landesinnere ist von Felsengebirgen und Wadis geprägt, die sich durch die Täler ziehen.

308 Die Halbinsel Ras Banas, auf unserem Bild von Südwesten gesehen, ragt von der ägyptischen Küste ins Rote Meer hinaus. Deutlich erkennbar die Strömung und der Wellengang.

309 Das Barriereriff aus Korallen südlich von Ras Banas.

310 Der Bogen des Nils bei Qena, flussabwärts von Luxor (rechts unten). An die Uferzonen grenzen zu beiden Seiten die Randgebiete der Westlichen und Östlichen Wüste.

311 Der Nilbogen bei Qena schiebt sich weit in die Östliche Wüste hinein.

312 oben Die Oase von Baharija bildet eine grüne Insel im Meer aus Sand und Fels der Westlichen Wüste, die sich über Hunderte Kilometer erstreckt.

312 unten Südlich von Marsa Matruh liegt die Oase Siwa. Kleine Quellwolken werfen ihren Schatten auf die spärlichen Vegetationszonen.

312–313 Unter den Wolken über der Westlichen Wüste liegt die Oase Dakhla. In der Ferne (links oben) ein Ausschnitt des Niltals.

314 Hinter dem Hochdamm von Assuan staut sich das Wasser des Nils im Nasser-See. Das riesige Reservoir prägt das Gesicht der Landschaft.

315 Das Niltal aus Südwesten gesehen. Im Vordergrund der Nasser-See, links oben der große Bogen bei Qena und ganz oben die Sinaihalbinsel mit dem Golf von Suez und dem Roten Meer.

316–317 Der Nasser-See (unten links) mit dem Zweigarm ins Wadi el-Allaqi. Das Wasser des Sees, die spärliche Vegetation und der Sand der Wüste prägen die Farben der Landschaft.

REGISTER

320 Der von Sphingen gesäumte Prozessionsweg am südlichen Eingang des Tempels des Mont im Norden Karnaks.